高校野球界の監督《スペシャリスト》がここまで明かす!

打撃技術の極意

大利 実

KANZEN

はじめに

２０１８年６月に出版した『高校野球界の監督がここまで明かす！　野球技術の極意』の第二弾となる。第一弾では、チーム／打撃／投手／走塁／守備／捕手／体作りと、各分野のスペシャリストに指導論を語ってもらったが、今回は打撃技術に特化した一冊である。

「今の高校野球は、打てなければ勝ち上がれない」

昨今、指導現場でよく耳にする言葉だ。トレーニングと食事によって、体重増と筋力アップをはかることが主流になり、過去と比べると、高校球児の体格が明らかに変わっている。スイングスピード、打球速度ともに上がり、クリーンアップだけでなく、下位打線からホームランが飛び出すことも何ら珍しいことではなくなった。

その一方で、「高校生は金属バットの恩恵を受けすぎている。体格が変わっただけで、技術が伸びているわけではない」という、プロのスカウトの声もある。筋力が増したがゆえに、力に任せたスイングになり、次のステージで木製バットに苦労するバッターも多い。振る力が必要なのは言うまでもないことだが、そこにたしかな技術あってこそ、トップレベルで活躍することができる。

本書では打撃指導に定評のある6人の監督に、技術論を中心とした打撃理論を存分に語ってもらった。昨夏の甲子園で日本一を成し遂げた履正社・岡田龍生監督、中学野球の監督として4度の日本一経験を持ち、高校でも頂点を狙えるチームを作る明石商・狭間善徳監督、柔軟な発想とデータを生かした指導で東北勢初の日本一を視野に入れる仙台育英・須江航監督、圧倒的な打力で打ち勝つ野球を見せる明豊・川崎絢平監督、専門家の力を存分に活用し、古豪を復活させた米子東・紙本庸由監督、昨夏の神奈川大会で横浜に打ち勝った県相模原・佐相眞澄監督と、多士済々の顔ぶれとなった。さらに、〝プロの目〟として、読売ジャイアンツの元スコアラー・三井康浩氏、科学の目でプロの技術を研究する神事努氏も登場。監督とはまた違った角度から、バッティング上達の極意を明かしてくれた。

読み進めていくと、指導者によってさまざまな理論があることがわかるはずだ。バットの握り方からして、考え方はひとつではない。写真だけでなく、動画で確認することもできるので、体を動かし、ときにはバットを振りながら、自分自身に合った打撃理論を見つけてほしい。「この動きが大事なのか」「この感覚は今までになかった!」と、新たな発見や刺激をひとつでも多く届けることができたら、とても嬉しく思う。まずは、昨年夏、猛打で日本一を果たした履正社・岡田監督の打撃理論から紹介していきたい。

高校野球界の監督《スペシャリスト》がここまで明かす!
打撃技術の極意　目次

動 このアイコンメニューがついている練習メニューは動画で確認することができます

https://www.baseballchannel.jp/etc/79910/

履正社

岡田龍生 監督

「日本一をつかんだ打撃理論」

おかだ・たつお

1961年5月18日生まれ、大阪府出身。東洋大姫路では1979年センバツ大会に出場し、ベスト4。日体大、鷺宮製作所、桜宮高校野球部コーチを経て1987年に履正社高校野球部の監督に就任。1997年に夏の大阪府大会を制し、初の甲子園出場を果たす。今春含めて、春9回、夏4回、甲子園に出場。2019年夏に甲子園初優勝。

強打を武器に甲子園制覇
進化を続ける“岡田流”打撃指導術

2019年夏、好投手を次々と打ち崩して、初の全国制覇を成し遂げた履正社。6試合で46得点をたたき出した打線を武器に、頂点にまで登りつめた。どのようにして、強打線を作り上げているのか。数字を調べていると、2ストライク後にハイアベレージを残していることがわかった。ここに、履正社の強さが見える。

岡田龍生の「打撃メソッド」とは？

一

斜めからのティーは廃止

選手同士で、斜めから普通に投げるティーは2年前にやめた。引っ張る打球を打つことになるので、バットが外側から出るクセがついてしまう。現在はスタンドティーを中心に、真横から投げるティーなど、工夫を凝らした形に進化している。

二

骨盤の幅の中でボールをとらえる

体の構造上、もっとも力の入る「ボディゾーン＝骨盤の幅」でボールをとらえる。へその前をミートポイントにする意識を持つことで、手→体の順で回転し、ヘッドが走りやすくなる。

三

手を引いた状態でボールを待つ

軸足に力をためた状態で投球を待ち、手をトップに入れておく。そうすれば、投手の投球に対して柔軟な対応が可能になる。

四

低めに手を出さない「目付け」を探す

基本的には目付けを上げて、低めの変化球を振らないように意識する。ただ、見え方は人それぞれなので、最終的には選手個々が自分に一番適している「目付け」のポイントを見つけることが大切。また、「打つべき球」を意識させて「打ってはいけない球」は意識させない工夫も必要。

五

やることを「明確」にして「徹底」させる

フリーバッティングは、決して「フリー」ではなく、「外野フライを打つ」「センターに鋭い打球を飛ばす」などテーマを明確にする。また、ファーストストライクは打ちにいくなど、当たり前のことも再度チームで共有させ、「徹底」させる。

強打で制した2019年夏の甲子園
2ストライク時に驚きの高打率

2019年夏の甲子園で、初の全国制覇を成し遂げた履正社・岡田龍生監督。6試合で7本塁打46得点と自慢の打線が爆発し、センバツ1回戦で星稜・奥川恭伸（ヤクルト）に17三振、3安打完封負けを喫した悔しさを見事に晴らした。

日本一を果たした甲子園の戦いを調べていると、驚くべき数字に出会った。2ストライク時の打率が、〝異常〟とも呼べる数字になっていたのだ。

●0ストライク＝59打数28安打　4割7分5厘（3割6分8厘）
●1ストライク＝61打数24安打　3割9分3厘（3割4分9厘）
●2ストライク＝98打数25安打　2割5分5厘（1割9分2厘）

カッコ内は、大会全体の打率となる（タイブレークは含まない）。当然のことながら、ストライクが増えるごとにピッチャー有利の状況となり、2ストライクになれば打率は下がる。これは、高校野球に限らず、どのカテゴリーの野球にもあてはまることである。

履正社も0ストライク→1ストライク→2ストライクの順に打率が下がってはいるが、2ストライク時でも2割5分5厘を記録した。大会打率と比べると、いかに優れた数字なのかわかるだろう。履正社のバッティングレベルが高かったことを物語っている。なお、2018年夏に、藤原恭大（ロッテ）、根尾昂（中日）を擁して甲子園を制した大阪桐蔭の2ストライク打率は2割1分1厘だった。

もともと持っている能力の高さはあるとしても、これだけ高い数字が出ているのには、何かしらの理由があるはずだ。それを知りたくて、岡田監督に会いに行った。

大阪府茨木市にある両翼95メートル、中堅115メートルの履正社茨木グラウンドに到着すると、5カ所のフリーバッティングが行われていた。守備は付けずに打ちっぱなし状態。順番を待つ選手はバックネット裏に向かって、スタンドティーを打ち込んでいた。高校野球では当たり前のように目にする斜め前からのティーバッティングは、誰ひとりとしてやっていない。ひとりで黙々と、スタンドティーと向き合っていた。

ここに、履正社のバッティングの秘密があるのだろうか。岡田監督に取材を始めると、スタンドティーの利点を語り始めた。

〈技術編〉

1. スタンドティーで打撃強化
↓ミートポイントを確認できる

「選手同士で、斜めから普通に投げるティーはやっていません。2年ほど前にやめました」

東洋大姫路から日本体育大に進み、大学卒業後は鷺宮製作所でプレーした岡田監督。高校時代は3年春センバツでベスト4に勝ち進んだが、高校通算本塁打数を聞くと「0本。今の選手は、ぼくよりもはるかに飛ばす力がある」と笑う。現役を終えたあと、大阪・桜宮のコーチを2年務め、1987年から履正社の監督に就いた。そこから30年近く、斜め前からのティーバッティングは当たり前のようにやってきたという。

「誰に聞いても、弊害があると。実戦で斜め前からボールがくることはないし、それをネットに打ち込もうとしたら、引っ張る打球を打っていることになる。どうしても、バットが外側から出るクセが付いてしまう。落合博満さん（元巨人など）も、『斜めからのティーは意味がない』とよく言われていましたよね。高校生を見ていると、自分の打ちやすいところでしか打っていない。トスを上げる投げ手のレベルが高ければいいんですけど、選手同士でやると、なかなかそこまでいきません」

偉大な教え子のひとりである山田哲人（ヤクルト）は、杉村繁一軍打撃コーチの指導のもと、数種類のティーバッティングで技術を高めた。当然、岡田監督もその話を知ってはいるが、「プロは投げ手のレベルが高いから成り立つ」と口にする。それだけ、ティーバッティングは投げ手の重要度が高い。履正社でも、真横や真後ろからのティーに取り組むが、トスを上げるのは監督やコーチの役目になっている。

その点、スタンドティーは止まっているボールを打つので、投げ手の質が問われない（そもそも投げ手が不要）。

「どのポイントでどのようにして打てば、どんな打球が飛んでいくか。それを毎回、確認することができる。右バッターでヘッドがかぶっていたら、自分の左側に飛び、ヘッドの出が悪ければ右側に飛ぶ。まずは、真ん中のコースをどうやって真っすぐ飛ばすか。自分で考えながら、取り組めます」

真ん中を真っすぐ飛ばすのを基本としたうえで、あとは自分の立ち位置を変えることで、さまざまなコースに対応した打ち方を学ぶことができる。

一方で、スタンドティーのデメリットとして挙がるのが、器具そのものの耐久性の問題だ。ボールを載せる先端部分が壊れやすく、買い替えの頻度が高い。また、スイングの衝撃によってティー台が倒れることもあり、それをわざわざ起こすのに手間がかかる。こうした煩わしさから、スタンドティーに力を入れようとしても長続きしないケースがある。

当初、岡田監督もその点を危惧していたが、優れもののスタンドティーに出会ったことで、悩みが解消された。履正社では、地元・大阪市の中小企業が開発した特殊なスタンドティー「サクゴエPUT式」を使用している。ボールを打つと、先端部だけがパタンと倒れ、その後すぐに「起き上がりこぼし」のように自力で戻ってくるのだ。ティー台と、ウレタン素材でできた先端部がチェーンでつながれていて、どんな衝撃を受けても元に戻る。ティー台が倒れることもない。

「昨夏の甲子園も、ある程度打つことができたので、スタンドティーの効果は高いと感じます」

値段は2万円ちょっと。それなりの価格ではあるが、安価なものを買って、何度も買い替えるよりは、費用対効果は高い。今では、履正社の強打線を作るうえで欠かせないアイテムとなっている。

2.ボディゾーンで打つ➡骨盤の幅の中でとらえる

岡田監督に、事前に調べてきたカウント別打率を見せると、「ボディゾーン」というキーワードを挙げた。

「うちが大事にしているのが、ボディゾーンでボールをとらえることです。体の構造上、もっとも力が入るところ。これができれば、引き付けて打てるようになり、ボール球の見極めにつながる。それが、2ストライク後の打率につながっているのだと思います」

「ボディゾーン=骨盤の幅の中でとらえること」という意味だ。このミートポイントを、スタンドティーで体に染み込ませていく。

「イメージとしては、ヘソはホームベースに向けたまま、ボールをとらえる。バッティングで大事なのは、ヘッドを走らせること。最初に体を回すのではなく、手が先に出た勢いによって体が回っていく。先に体が回ってしまうと、バットだけが後ろに残り、バットのヘッドが出てきません」

実際にピッチャーが投げる球を打とうと思えば、多少なりとも骨盤の回転は入り、ポイントは前になる。それでも練習の段階では、手を先に出す意識を徹底して植え付けていく。

練習ドリル①真横ティー（写真P18）
ヘソの前でとらえる

ボディゾーンで打つ感覚を養うのが、真横からのティーバッティングだ。投げ手はバッターと正対し、ヘソをめがけて速いトスを入れる。投げ手とバッターは、5メートルほどの距離を取る。

「空振りしたら、お腹に当たるぐらいのスピードで投げる。窮屈なところであっても、さばけるようになるための練習です。体が先に回転したら、まず打てません。バットでとらえてから、体が回っていく。ツイストに近いイメージを持たせています」

センター方向に、強いライナーを打ち返すのが理想となる。体が先に回ると、右バッターは右中間、左バッターは左中間方向へ飛んでいく。

3．割れを作る
↓引き切ったところで待つ

ボディゾーンで打つためには、軸足に力をためた状態で投球を待ち、ピッチャーがボールをリリースするときには、バットを持った手をトップの近くに入れておく必要がある。

「選手によく言うのが、『弓道と一緒やぞ。弓を持った右手を後ろに引いたら、あとは的をめがけて離すだけ。バッターも、グリップを引いた状態を早く作りなさい。そうすれば、いつでも、〝さぁ、いらっしゃい〟の状態ができる。引きながら離そうとしたり、引き切ったところからまた引こうとしたりするから、タイミングが合わなくなるんや』」

昨夏の甲子園を見ていても、履正社のバッター陣はトップに早く入り、自分の間合いでピッチャーと勝負できていた。だからこそ、体勢を崩されずに、ボディゾーンで打つことができる。

練習ドリル②ウォーキングスイング
間を作り出す（写真P19）

割れを作るために、歩きながらのスイングを取り入れている。後ろ足（左バッターであれば左足）を投手方向にステップすることによって、軸足（左足）に体重を乗せた状態でトップに入ることができる。

「中学生からピッチングマシンを打ち込んでいる弊害だと思いますが、イチ・ニ・サンのタイミングで打っている選手が多い。ステップと同時にスイングが始まっているので、変化球を混ぜられると、対応ができない。歩きながらスイングすることで、間（マ）を作れるようになってきます」

真横ティー

動

投げ手はバッターと正対してヘソをめがけて速いトス（空振りしたら体に当たるくらいの強さ）を投げる。バッターはセンター方向へ強いライナーを打ち返すイメージで。バットでボールをとらえてから体を回すように打たないと、きれいな打球は飛ばない

ウォーキングスイング

動

後ろ足を投手方向にステップし、軸足に体重を乗せた状態で
しっかりとトップを作ってからスイングする

練習ドリル③12メートルバッティング「さぁ、いらっしゃい」を作り出す

弓矢を引いた状態を作るために、近い距離（およそ12メートル）でのフリーバッティングを行う。

「どれだけ始動を早くできるか。先に動いて、振り出す準備を作っておく。言葉で言ってもわからないので、体感させています。ほとんどの高校生は手がトップに入るのが遅いので、ストレートに差されてしまうのです」

「さぁ、いらっしゃい」をどれだけ作り出せるか。あえて、バッテリー間を短くすることで、準備を早くする習慣付けをしている。

4．トップでL字を作る（写真P22）➡コックを入れる

手がトップに入ったときには、後ろ手の前腕とバットの角度が90度になるように、少しコックを入れる。これを、岡田監督は「L字を作る」と表現している。

「テイクバックからトップに入るときに、このL字を作れるかどうか。L字がほどけていると、スイングの際にどうしてもバットが体から離れていきます。L字ができていれば、体

の近くからバットが出てきて、インパクトのときに自然に手首が使われるようになる。最後に手首が使われるので、ヘッドが走るようになるんです」（写真P22）

金槌で釘を打ち込むのと同じ理屈だ。金槌を振り上げたとき、前腕と金槌でL字が作られる。そして、振り下ろすときには、金槌の重みでコックがほどけ、金槌の先が走る。これをバットスイングの中で体現する。

5. 前足を強く踏み込む
➡前足に穴場を作る

選手のティーバッティングを見ていた岡田監督が、前足の踏み込みを気にしていた。

「踏み出した前足のところがもっと掘れてこないとダメ。足の指でグッと土をつかむぐらいの意識で踏み込んでいかないと、強いスイングは生まれてこない」

体重が後ろに残ったままスイングすると、前足は掘れない。後ろ足にためた体重を、踏み出した前足にどれだけぶつけていけるか。

「結局、しっかりと踏み込まないと支点ができません。体のどこかが止まるからこそ、バットのヘッドが走っていくわけです」

体の回旋を考えると、前足のつまさきはやや開き気味に踏み込んだほうが、スムーズに

トップでL字を作る

動

×

○

トップに入ったとき、後ろ手の前腕とバットが90度になるよう意識する。
角度が広いと、スイングの際にバットが体から離れてしまう

L字ができていれば、バットが体の近くから出て、インパクト時に自然と手首が使える。こうすることでヘッドが自然と走るようになる

回りやすくなる。

6．後ろ手でとらえる
➡後ろ肩が下がることを防ぐ

岡田監督の考えでは、バッティングの主となるのは後ろの手。左バッターで考えた場合、右手がピッチャー寄りにあり、左手がキャッチャー寄りにある。ボディゾーンでとらえることを考えれば、左手主導で考えたほうがミートポイントは近くなる。

「以前は、『後ろの手は空手チョップや』と言っていたんですけど、これを意識しすぎるあまり、後ろの肩が下がる選手が出てきました。肩が下がると、どうしてもボールの下にバットがもぐる。速いストレートに対して、空振りやフライが出るようになってしまいます」

と言いながら、空手チョップの仕草を見せた。真上から振り下ろすチョップではなく、ボールを真横から切るような水平チョップだ。たしかに、後ろ肩が下がる動きを誘発しかねない。

「どうしようか悩んでいたら、ある人から『後ろ手でボールをつかむイメージを持てば、肩は下がらない。ヒジも、ヘソに近づくようになります』と教えてもらって、そのとおりやなと。それからは、ボールをつかむ動きで教えるようにしています」

練習ドリル④後ろ手キャッチ（写真P26）ボールを上から見るクセを付ける

正面や斜めからトスされたボールを、後ろ手だけでキャッチする。

「体は回転させずに、手だけでキャッチします。ヒジはヘソに近づけて、体の近くを通す。こうすることで、バットが遠回りするのを防ぐことができます」

最近は、「ボールの軌道（ライン）にバットを入れる」という表現をよく耳にするが、「それを言うと、どうしても後ろの肩が下がってしまう」と言ったあと、こう続けた。

「ボールは上から見なアカンと思うんです」

飛ばしたい、ボールに角度を付けたいと思うと、後ろ肩が下がり、ボールを横から見ようとしてしまいがちだ。こうした教えをする指導者もいるが、岡田監督の場合はシンプルに「ボールを上から見る」「後ろ手でキャッチする」。速いストレートに振り負けないのは、このあたりも関係しているのかもしれない。

7．木製バットを使用
↓力のなさを自覚する

ティーバッティング、フリーバッティングともに、基本は木製バットで行う。夏の大会に入っても、試合前日や2日前にならなければ、金属バットは使わない。

「私のほうから、強制はしていません。ただ、彼らには『金属の世界は高校で終わりやで。大学、社会人、プロは木製バット。どこを目指して野球をやってるのか？ 高校で終わるなら、金属で打てばええし、上を目指しているのなら早く木製に慣れたほうがええよ』と言っています。それもあってか、木製を使うのが当たり前の環境になっています」

入部した1年生は、新チームから木製バットに切り替わることが多い。オリックスで活躍するT－岡田に関しては、入学時からケタ違いの能力を持っていたため、1年の4月から木製バットで打たせたという。

「木製バットは、芯でとらえないと飛んでいかない。はじめのうちはロングティーをしても、外野まで飛んでいきません。そこで、自分の力のなさに気づいてほしい。そこを認識させるうえでも、木製バットを活用しています」

履正社に入学するとなれば、中学時代にずば抜けた力を持ち、バッティングに自信を持った選手が多い。しかし、それは反発力が高く、芯が広い金属バットでの話だ。技術を問われる木製バットでも、同じバッティングができるかどうか。「力のなさを感じたところからがスタート」とは、岡田監督の言葉である。

後ろ手キャッチ　動

正面もしくは斜め前からトスされたボールを後ろ手でキャッチする。体は回転させずに手だけでキャッチすることで「ボールを上から見る」ことを意識付けできる

ただ、木製バットは折れやすく、コストがかかるデメリットもある。「バットが折れませんか?」と聞くと、面白い答えが返ってきた。

「最近は耐久性が高く折れにくいバットが出ているけど、それなら金属バットを使った方がいい。木製バットは折れるからいいんです。まず、振る力がないと木製は折れません。力のない選手は折れへんですよ」

なるほど、たしかにそのとおり。強く振れるからこそ、その衝撃によってバットが折れる。バットが折れる=成長の証でもある。

8. 勝つために必要なバント
↓型にはめすぎない

強打のイメージが強い履正社だが、打つだけでは甲子園は勝てない。

昨夏の甲子園では6試合でわずか1失策。大会序盤では送りバントに苦労したが、星稜との決勝戦では3対3で迎えた8回表、無死二塁から犠打を決めて、勝ち越しタイムリーにつなげた。2010年夏の甲子園の天理戦では、1アウト一、三塁から一塁走者がわざと転び、挟殺プレーに持ち込む間に三塁ランナーがホームを陥れる、「フォースボーク」を成功させたこともあった。細かいプレーも磨いている。

「ワールドシリーズを見ていても、最後に1点を取りにいくときは送りバントを使っていますよね。打たせるよりも、送りバントのほうが得点につながる確率が高いときが必ずある。うちのピッチングコーチに聞くと、『ピッチャー心理からすると、一塁よりも二塁、二塁よりも三塁にいるほうが、精神的に嫌です』とも言っています。以前に比べれば、バントにかける練習時間は減っていますが、重要であることは変わりありません」

技術面では、どのような指導をしているのか。

「前の脇が空いたらいかんとか、どのあたりを持ったほうがいいとかは言いますけど、細かいことはほとんど言いません。以前に、『4スタンス理論』を少し勉強させてもらったときに、前足重心でやったほうがいい選手がいれば、後ろ足重心でやったほうがいい選手もいると知って、ひとつの方法だけ教えるのは弊害があるなと思ったんです。ぼく自身は、かかと重心のBタイプで、T－岡田や土井健大（元巨人など／現東大阪大柏原監督）も同じBタイプ。でも、安田尚憲（ロッテ）は前重心のAタイプ。Bタイプの指導者が、自分が打ちやすいやり方をAタイプに教えると、Aタイプの良さが消えるという話も聞いたことがあって、たしかにそうだなと。ぼくの型にはまればよくなるけど、そうじゃない選手は育たないでは、指導者としてダメなわけです。こうあるべきだと決めつけないように、心がけています」

　バッティング指導に関しても同じだ。前述したとおり、ボディゾーンでとらえる、後ろ手でキャッチするというポイントは伝えるが、最終的には自分自身に合った体の使い方、感覚を磨くことを重視している。

〈実戦編〉

1. 結果を出すために重要な「目付け」➡目線によって打つべきボールが決まる

　ここからは、実戦で結果を残すための取り組みについて。技術力を上げたとしても、ピッチャーと対したときの考え方や攻略法を整理しておかなければ、結果にはつながっていかない。

　対ピッチャーで、岡田監督がもっとも重視しているのが「目付け」だ。どこに目線を置くのか。高めなのか、真ん中なのか、あるいは低めなのか。

「2ストライク打率が高いのは、ボール球を見逃している率が高いのも関係していると思います。大事にしているのは目付け。基本的には、目付けを上げる。でも、見え方は人それそれなので、最終的には『自分で見つけなさい』と言っています。どこに合わせておけば、低めの変化球を振らなくなるのか。ボール球を振っているうちは、ヒットにはなりません」

言うまでもなく、打率が高いバッターはストライクゾーンを振っている。ボール球を振らせたいピッチャーと、ストライクを打ちたいバッター。ピッチャーの術中にはまらないためにも、目付けが重要になる。

「以前、社会人野球の練習に行った際、『たしかにそうだな』と思うことを教わりました。ボール球を見逃すときは、そのまま前を見ておけと。ホームベースを通過するところまで、目でボールを追うバッターがいるけれど、そうすると余計にボール球を振りやすくなる。落ちる変化球の場合、下を見るから、下を振ってしまう。目付けを上げて、前を向いておけばいいんです」

ボールをどのようにして見るか。その見方ひとつで、打席の結果が変わっていく。

2. 打つべき高さを意識する
↓見逃す球は意識させないこと

ただ、どれだけ目線を上げようとも、低めの変化球に手が出てしまうことがある。そんなときに、ベンチでどんな言葉をかけるか。その言葉ひとつによって、バッターの心理状態は良い方向にも悪い方向にも転んでいく。

「低めのボールになる変化球を振ったバッターに、『何で振ってんねん』ではなく、『目付けを上げなさい』と言います。打つべき球を意識させる。これはすごく大事なところで、ついつい『低めを振るなよ』と言いがちですが、こうなるとバッターは余計に低めを意識してしまう。これが人間の心理。見逃す球は意識させないでいいんですよ。それに、見逃そうと思いすぎると、いざ甘い球がきたときにバットが出なくなります」

高めを打て。低めを振るな。どちらも似たようなことを言っているが、「高めを打て！」のほうがやるべきことが明確になる。

「私はゴルフが好きでよくやるんですけど、『あの池に入れたらアカン』と思えば思うほど、池に打ってしまう。そういうもんですよ」

目付けを上げているにもかかわらず、高めを見逃したときには怒ることもある。２０１９年夏の決勝、対星稜の初回にこんな場面があった。２アウト三塁で打席には四番の井上広大（阪神）。２ボール１ストライクから、真ん中高めに抜けたスライダーを見逃し、２ボール２ストライクとなると、続く5球目も高めのスライダーに反応できず見逃し三振となった。５球目は少々ボール気味だったが、明らかに抜けたスライダーで、長打にできる高さでもあった。

「ベンチに戻ってきた井上を怒りました。『目付けを上げているんだから、少々のボール球でも振っていけ!』。第2打席では、同じ高めのスライダーを逃さずにとらえて、逆転ホームラン。高めの抜けた変化球は一番飛ぶので、見逃すのはもったいない」

1打席目の檄が、逆転ホームランにつながったと言っても過言ではないだろう。

3. フリーバッティングでやるべきことを明確に
➡フリーだからこそ徹底する

昨春センバツの初戦では、星稜のエース奥川に屈した履正社。自慢の打線が完璧に封じ込まれ、優勝候補の一角に挙がりながらも、早々と甲子園を去った。誰もが感じたのは、「奥川を打てなければ、日本一にはなれない」ということだ。そこから、奥川を意識した練習が始まった。キーワードに挙がったのが「徹底」だ。

「フリーバッティングを打つ際、ただ打つのではなく、何かひとつのテーマを決めて練習する。たとえば、外野フライを打つ練習をしているとか、センター中心に低いライナーを打っているとか、何をするかは人それぞれでいい。監督やコーチが外から見たときに、『あの選手はこの意識で取り組んでいる』とわかるぐらいまで、徹底する。フリーバッティングこそ、窮屈に取り組む。好きなコースを好きなように打っていても、試合にはつながっていかない。日ごろから、決めたことを徹底することが、奥川を打つことにつながっていくと考えていました」

練習で徹底できないバッターが、いざ甲子園の舞台で徹底しようとしても無理な話である。

「うちは自主性を大事にしているとか、細かいことを教えていないとか、いろいろ言われていますけど、ぼくの中では『管理された中での自主性』です。各自好きなことをしているのではなくて、チームとしてやるべきことがある中での自主性。そこには大きな違いがあると思っています」

何を意識するかは、自分で考えて、自分で決める。そこまで指導者が指示を出してしまうと、選手の創意工夫を奪うことにもなりかねない。

4．ファーストストライクを振るのは当たり前
↓当たり前のレベルを上げていく

昨夏の甲子園で、一番バッターとして3割9分3厘のハイアアベレージをマークした桃谷惟吹(立命館大)。特徴的なのが、ファーストストライクからフルスイングしていく積極性だ。

28打数のうち、ファーストストライクを振った回数がじつに19回もあった。

桃谷だけではない。0ストライク時に4割7分5厘を記録したように、チーム全体でファーストストライクを振る姿勢が浸透している。

「それが、チームの基本方針です。甘い球を見逃すことは、チーム全体でアカンことだと共有されている。フルスイングするのが当たり前。練習試合でも、簡単に見逃すような選手には、チームメイトから厳しい声が飛んでいます」

当たり前のレベルが高くなればなるほど、チームは強くなる。

こんな場面もある。2ストライクに追い込まれたあと、履正社ではノーステップ打法こそ取り入れていないが、各自で出塁を取るための工夫をする。逆方向に意識を向けたり、コンパクトに振り抜くことを意識したり、アプローチを変える。

「どうするかは本人次第です。でも、追い込まれているのにフルスイングしていたら、打率は悪くなる。出塁するためには、何が必要か。自分たちで考えています。それがチームの決め事になっているので、やっていない選手がいると、『何でやらんの?』という話にはなります」

2018年の都市対抗で初優勝を飾った大阪ガスの橋口博一監督からも学びを得た。

「大阪ガスの勝因は、足を生かした機動力野球。橋口監督に聞くと、盗塁のスタートを切らずに一塁ベースにいる選手がいると、『お前いつまでそこにおんねん』という雰囲気になったそう。出塁したら、走るのが当たり前になっている。最初は盗塁でアウトになることもあったけれど、ベンチが我慢をしていたら、思い切りよく走れる選手が増えたそうです」

ファーストストライクをフルスイングするのは当たり前。追い込まれたら、意識を変えるのは当たり前。一塁に出塁すれば、盗塁するのが当たり前。やるべきことがチーム全体に根付いていけば、選手が入れ替わっても、強さを保つことができる。

出場予定だったセンバツが中止となったため、現チームでの日本一のチャンスは夏のみ。大会史上7校目の夏の甲子園連覇に向けて、当たり前にできるレベルをひとつずつ上げていく。

明石商

狭間善徳 監督

「基礎、基本、応用――確率を高めて得点を奪う」

はざま・よしのり
1964年生まれ。現役時代は明石南、日体大でプレー。1993年から明徳義塾中・高に赴任し、高校のコーチを5年間、中学の監督を13年間務め、全中を4度制覇。2007年の新チームから明石商の監督に就き、就任9年目の2016年センバツで甲子園初出場(ベスト8)を果たすと、2018年には夏初出場。2019年には春夏甲子園ベスト4に進出した。

甲子園2季連続ベスト4へと導いた変幻自在の狭間流、打撃指導

2019年には甲子園で春夏連続ベスト4という結果を残した明石商。2007年からチームの指揮を執る狭間善徳監督の教えは、年を追うごとにチームに浸透している。大技、小技、変幻自在の攻撃で甲子園を席巻した"狭間流打撃術"に迫った。

狭間善徳の「打撃メソッド」とは？

一 バッティングも守備も基礎が大事

備え・間《マ》・タイミング・バランスは野球の基礎。これは、バッティング、守備の両方に共通する。基礎があっての基本であり、その上に応用がある。ここを疎かにしていると技術は身に付かない。

二 インハイを打てるように備える

インハイは打つのが一番難しく、窮屈に打たなければいけないコース。前の肩（右バッターなら左肩）の高さのボール球を打てるように構えることが、結果的にいい打ち方につながる。

三

下半身は捻るが、上半身は真っすぐに

下半身と上半身を一緒に捻ってしまうと、後ろのヒジが抜けにくくなり、ドアスイングになりやすい。下半身は捻りながら、上半身は両肩を結んだラインをピッチャーに向けたままにすることでバッティングの精度、確率が上がる。

四

割れの作り方、タイミングの取り方は3種類

バッティングで重要な「割れ」「タイミングの取り方」はひとつの方法論だけでなく、それぞれ3種類ずつある。選手の適性に応じて、一番やりやすい方法を選択させ、感覚を養っていく。

五

ヘッドを利かせる工夫

グリップ側に支点を作ることでバットのヘッドが走り、ボールを押し込めるようになる。前の手を自分の体のほうに戻す、手の平でなく指で軽く握るなど、支点をうまく使うことが重要。

2019年春夏甲子園ベスト4
基礎の上に基本が成り立つ

2019年春夏甲子園で、ともにベスト4に勝ち進んだ明石商。この1年間に甲子園で挙げた勝利数は6勝（春3勝、夏3勝）となり夏優勝の履正社、準優勝の星稜と並ぶ、最多タイの数字を記録した。

夏の3勝はすべて1点差の勝利（4対3花咲徳栄、3対2宇部鴻城、7対6八戸学院光星）で、接戦を守り勝つのが明石商・狭間善徳監督の野球だ。「トーナメントは守れなければ勝てない」という考えがベースにある。そのうえで、攻撃面では強打あり、盗塁あり、エンドランあり、スクイズありと多彩な攻撃を持つ。宇部鴻城戦では8回裏1点ビハインドの場面で、1アウト二塁から三盗を決めると、その直後の球で三塁エンドランを仕掛けて、同点に追いついた。そして、延長10回裏1アウト満塁からスクイズを決めてのサヨナラ勝ちと、「これぞ、狭間監督！」と言えるような戦い方を見せた。

「いかに得点を取る確率を上げるか。その引き出しは、いくつも用意してあります」

今年はドラフト上位候補の来田涼斗の存在が目立つが、基本的には上位から下位までコンパクトに、センター中心に低いライナーを打ち返すスタイルだ。2ストライクになってからは、タイミングを取る動作を小さくして、ミートポイントを近づけて、徹底的に逆方向を狙うしつこいバッティングを見せる。打線全体でのつなぎの意識が高い。

狭間監督は、高知・明徳義塾中の監督を務め、全国中学校軟式野球大会で4度(2000年、2001年、2003年、2005年)の優勝を果たした実績を持つ。2000年代前半、打球部を柔らかいウレタン素材で作った『ビヨンドマックス』(ミズノ株式会社)が発売され、軟式野球界に「飛ぶバットブーム」が巻き起こったが、狭間監督は「高校で使うのは金属バット。うちは、高校につながるための指導をしている」と、一切使わなかった。バットの力で飛距離を出したとしても、自分の技術が上がっていなければ、高校で活躍することはできない。道具に頼るのではなく、己の技術を磨くことに時間をあてた。

指導で重視するのは、4つのキーワードだ。

「守備もバッティングも、備え・間(マ)・タイミング・バランスが大事。野球の基礎となるところを、どれだけ身に付けることができるか。基礎があり、基本があり、応用がある。基礎を疎かにしていたら、技術は身に付きません」

狭間監督には前シリーズ『野球技術の極意』の守備編に登場してもらっている。このときも、備え・間・タイミング・バランスの重要性を説いていた。あえて、今回またお願いしたのは、狭間監督が持っている引き出しの中を覗いてみたかったからだ。守備についてはは語る記事が多いが、バッティングの細かいところまで明かすことは少ない。

「バッティングで大事なのは、どれだけボールを長く見て、体の内側からバットを出して、体の中で打つことができるか。ベルトのバックルの前にバットの芯を持っていき、そこでとらえられるのが理想です。体の中で打てれば、スイングの始動を遅らせることができ、ストライク・ボールを見極めることができる。ボール球を見極める力こそ、うちの武器になっています」

言葉で言うのは簡単であるが……、それを実践するのが難しい。

「発射口を向ける」「レールを作る」「時間を感じる」「インサイドアウト」「かかとスイッチ」「ヒザを立てる」など、印象に残る言葉を使いながら、明石商で実践しているバッティング理論を解説してくれた。

〈バッティング編〉

1. インハイを打てるように備える
➡どのコースにも対応しやすい

まずは、「備え」から。

「このボールを打つには、どうやって打つ?」と、いきなりの逆質問から取材はスタートした。狭間監督が「ここ」と指示したのは、右バッターであれば左肩の高さのボール球（写真P45＝肩の高さ）。打たなければ、デッドボールになるコースだった。

「この球を普通に振れる構えじゃないとダメ。なぜなら、インコースの高めが一番難しく、窮屈に打たなければいけないところだから。ここを打てるように構えることで、どのコースにも対応しやすくなり、結果的にいい打ち方につながっていきます」

構え方によって、バットの振り出しやすさが変わってくる。前の肩を過度に内側に入れていたら、肩にくるボールを打つのはかなり窮屈になる。

➡下は捻るが、上は捻りすぎない

構えから、テイクバックへ。ここに、インコースを打てるかどうかの大きなポイントがある。

「下は捻るけど、上は真っすぐ。下半身は捻って、軸足に力をためる。このとき、下と上を一緒に捻ってしまうと、後ろのヒジが抜けにくくなり、ドアスイングになりやすい。これでは、インコースに対応できないうえに、打つポイントが1点になってしまいます。能力の高い選手は、上と下を同時に捻っても、後ろのヒジをうまく抜くことができるけど、それはレベルの高い話になります」

「上は真っすぐ＝両肩を結んだラインをピッチャーに向けたままにする」（写真P45＝上は捻りすぎない）という意味だ。下半身を捻れば、多少なりとも上半身に捻りが加わるが、過度に内側に入れすぎない。ピッチャーから見て、バッターの背番号が丸々見えるようであれば、捻りすぎとなる。

「イメージとしては、前肩の内側に発射口があり、それをピッチャーに向けておく（写真P46＝肩の発射口）。この発射口を向けたまま、下を捻る。テイクバックからトップに入ったときも、発射口の位置だけは変えない。上を捻りすぎると、発射口がぶれることになります」

ピッチャーにも同じことが言える。足を上げたときに下半身は捻るが、上半身は捻りすぎない。遠くに飛ばしたい、速い球を投げたいと思うと、上半身に捻りが加わってくるが、

肩の高さ

右バッターであれば左肩の高さのボール球。このコースを普通に振れる構えで打つことが、結果的にいい打ち方につながる

上は捻りすぎない

下半身は捻って軸足に力をためるが、上半身は両肩を結んだラインをピッチャーに向けたままにする

肩の発射口

前肩の内側に発射口があり、それをピッチャーに向けたまま下半身を捻る。テイクバックからトップに入っても、発射口の位置だけは変えない

バッターであればインコースが苦しくなり、ピッチャーであればコントロールに乱れが出てくる。確率を高く、精度を上げていくには、余分な動きを省く必要がある。

2. 空間と空間を合わせる ➡時間を100パーセント感じる

「備え」の次にくるのが、「間（マ）」だ。

「バッティングは、空間と空間の勝負です。空間から向かってくるボールと、自分からボールに向かっていく空間。この2つの空間を合わせられる選手ほど、ヒットを打てる確率が高くなります」

そのために大事になるのが、「時間を100パーセント感じること」。150キロのストレートであれば、ピッチャーのリリースからホームベース上を通過するまでにおよそ0．43秒かかる。この0．43秒をすべて感じ、使える選手は、ボールを的確にとらえられる確率が上がる。

「細かいことを言えば、高校生の場合はトップからインパクトまでおよそ0．2秒かかります。残された0．23秒の時間をどれだけ感じることができるか。そのためには、ピッチャーがトップに入ったら、バッターもテイクバックを取り、振り出す準備をしておくこと。目線は、リリースの空間に合わせておき、ボールがリリースされるのに合わせて、自分もピッチャー方向に動き始める。このタイミングがずれると、０・43秒を感じられなくなってしまいます」

バッティングの難しさは、自分がピッチャー方向に向かって、体重移動を起こさなければいけないところにある。たとえば、キャッチャーであればその場で待っていればボールがくるので、自分が動く距離はゼロ。リリースさえ見ておけば、１００パーセントの時間を感じられる。バントにも同じことが言え、バットを構えたところで待っておけばいい。あとで紹介するが、狭間監督が教えるバント成功の鉄則は「待ち伏せ」にある。バッティングも体重移動をゼロにすれば、自分からボールとの距離を縮める必要はなくなるが、これではインパクトで力を加えることができない。

➡ティーでは投げ手との距離を開ける

「空間と空間を合わせ、時間を感じられない選手は、どれだけいいスイングをしていても、なかなか確率が上がっていきません。キャッチボールからすべてつながっていることで、相手がボールをリリースした瞬間から時間を感じて、胸にくるのか、それとも高いのか、横に逸れるのか判断しなければいけない。ボールが自分の近くにきてから、『高い！』と思って、後ろに下がっている選手は、時間を感じられていない証拠です」

キャッチボールがうまくなれば、バッティングの向上につながる。その意識を持つだけで、キャッチボールに対する意識が変わるはずだ。

ティーバッティングでは、時間を感じられるように、投げ手とバッターとの距離をなるべく離す。距離を短くすると、時間を感じずに反応だけで打ててしまうからだ。フリーバッティングでも、ピッチャーを近づけることはしない。「速球対策」で近くから投げることは多くの学校がやっているが、それをやると、間のないバッターになる。近い距離で打つときは、あえて緩いボールを放り、リリースからインパクトまでの時間を感じられるようにしている。

実戦では、バッターボックスの真ん中から後ろ（キャッチャー寄り）に立つのが基本。ピッチャーによって立ち位置を変えることもあるが、後ろに立つことによって、ボールを長く見ることができ、打つか、打たないかの判断を遅らせることができる。

3.「割れ」の作り方は3種類
➡軸足に力をためて時間を調整する

リリースの空間を目で見て、空間と空間の時間をうまく合わせていくには、「割れ」が必要になる。

「手は後ろ（キャッチャー側）にいくけど、足は前（ピッチャー側）にいく。相反する動きが、『割れ』になります。これが、備え・間・タイミング・バランスで言うところのバランス。上と下を逆方向に動かしたり、行きながら待ったり、同時に2つ以上のことをやらなければいけないのが難しいところです」

軸足に力をためた状態で、この割れを作る。軸足に力を感じておけば、前足を着く時間を調整することができるからだ。それが緩急の対応にもつながっていく。

力をためるときに意識するのは、くるぶしの下あたり。母指球を意識すると、つまさき側に体重がかかることになり、インコースに対して、体が回りにくくなる。

狭間監督によると、割れの作り方は3種類あるという。選手の適性を見ながら、アドバイスを送っている。

「一番の理想は、自分が前に動くのに合わせて、バットを持った手を後ろに動かし、割れを作れること。これができるバッターが、一番理想であり、対応力がある。プロで言えば、福留孝介選手（阪神）がこのタイプです。これではうまく割れが作れない選手は、あえてヒッチを入れる。ヒッチを入れることで、軸足で待つ時間を作り出すことができ、ボールとの間合いを計れるようになります。ただ、自分から手を動かすことで、ブレが生まれやすいデメリットもある。タイミングが取れなくなったときに、戻すまでに時間がかかります」

この2つのやり方で割れが作れない選手は、構えの段階で前ヒジを張って、グリップを最初から後ろに置く。これ以上後ろには引き切れないところまで引っ張り、あとは前に振り出せばいい状態にしておく。ただし、狭間監督曰く「対応力に欠けるので、あまりおすすめはしない」。相手バッターがこのタイプであれば、変化球中心に攻めていく。

4. タイミングの取り方も3種類 ➡カウントによって使い分ける

割れの話にもつながってくるのが、タイミングの取り方だ。前足をどのように使うかによって、タイミングの取りやすさが変わってくる。明石商では、3種類の取り方を使い分けている。

「ボールに、もっとも力を伝えられるのが、足を上げてタイミングを取ること。足を下ろした力を、ボールにぶつけることができます。ただし、足を上げることによって、着地までに時間ができる分、下ろすタイミングが難しい。時間を感じられない選手は、ストレートに差し込まれやすくなります」

その次にあるのが、すり足か、低空飛行で足を上げること。高く足を上げないことで、ピッチャーとのタイミングを合わせやすくなる。そして、三番目はノーステップだ。あらかじめ、前足を踏み出した状態で構え、あとは後ろ足から前足への体重移動だけで打ちにいく。前に向かっていく動きを制限することで、さまざまなボールに対応できるようになる。ただし、バットを振る出力は小さくなる。

「追い込まれたあとは、すり足やノーステップにして、ボールを体の中に入れるようにしています。相手の勝負球を頭に入れた中で、逆方向を意識しておく。バットを短く持てば、より近くまで引き付けることができる。胸を向けないで、バットを短く持って、内側から出す。この意識があれば、簡単には空振りしません」

➡追い込まれてもストライクゾーンを広げない

甲子園でも2ストライクから粘り強いバッティングを見せていた明石商。ただ、2019

年の春夏甲子園のデータを見ると、意外にも「空振り三振は少ないが、見逃し三振が多い」という数字が出ている。２０１９年春夏甲子園で、明石商が喫した空振り三振は23個で、見逃し三振は15個。２０１９年夏の甲子園全体では、空振り三振が４８２個で、見逃し三振は１５１個（いずれも３バント失敗は含まない）。見逃し三振割合を比べると、明石商は3割1分3厘、甲子園は2割3分9厘となる。

これには、理由がある。野球界では「追い込まれたらストライクゾーンを広げなさい」との考えが一般的だが、狭間監督はまったく逆の考えを持っているのだ。

「2ストライクになっても、ストライクゾーンを広げる必要はない。広げるから、空振り三振が増える。見逃し三振になってもやむをえない場面もある」

ストライクゾーンを広げるゆえに、ボールになる変化球に手が出て、空振り三振が増えてしまう。すり足やノーステップは「2ストライクアプローチ」とも呼ばれる技術だが、それとともにストライクゾーンに対する考え方を統一することが、空振りを減らすことにつながっていく。

5. かかとスイッチでスイング開始
⬇かかとを踏んだらすぐにバットが出る

3種類あるタイミングの取り方。ここで重要になるのは、足の下ろし方だ。足を上げても、すり足でも、ノーステップでも、すべてに共通するのは「かかとスイッチ」。つまさきから入り、かかとを踏むことで、スイングが始まる。これにより、変化球で泳がされたときにも、スイングを調整することができる。

「かかとを踏んだときに、どれだけスムーズにバットが出てくるか。かかとの下に電気を点けるスイッチがあり、それを踏んだらすぐに豆電球がピカッと光る。この状態を作っておかなければ、ボールを体の中に入れることができません」

何とも面白い表現であるが、かかとスイッチを踏んだのに、豆電球が点くのが遅いバッターが多いという。これでは、自分が思っている感覚と実際のスイングにずれが生まれる。どうすればタイムラグなく、豆電球を点灯させられるのか。ここに、多くの技術的なポイントが詰まっている。

⬇ヒジが通るレールを作る

「かかとスイッチで、バットを素早く振り出すには、ヘソのラインにヒジを通すレールを作ることです」

そう言いながら、ヘソの前にバットを寝かせた狭間監督（写真P57＝ヒジのレール）。架空のレールをイメージし、この上にヒジを通していく。

「肩の発射口をピッチャーに向けておけば、ヒジをレールに通すことで、素早くバットを振り出せる（写真P57＝レールを通す）。でも、下と上を一緒に捻ると、レールの向きがずれることになり、バットを出すまでに時間がかかります。時間がかかるということは、早く振り出さないとスイングが間に合わない。ボールを見極める時間が短くなり、ボール球に手が出るようになるわけです」

このレールは、体に近ければ近いほうがいい。空間が空けばあくほど、インコースに対応できなくなるからだ。

「腕をどれだけ短く使えるか。邪魔になるのが、肩からヒジまでの長さです。腹からヒジが生えているぐらいの意識を持たないと、体とレールの距離を近づけることはできません」

インコースを打つことを考えたら、腕は短いほうが良い。

↓バットは下半身で引き抜く

「ヒジは、下半身の力で引き抜くもの。前足のかかとを踏めば、ヒジが引き抜かれる。上ではなく、下で引き抜くことが大事になります」

意識するのは、上半身ではなく、下半身の動きになる。そこでポイントになるのが、両ヒザの使い方だ。

「前足を踏んだときは、最低でもイコール。イコールじゃなかったら、もう回転に入っていることになります」

イコールとは？

狭間監督の実演が写真P58（＝ヒザが立つ）だ。ヒザに多少の緩みがあり、両ヒザが立ち（足の上にヒザがある）、かつ体重も均等に乗っていることを指す。

「ヒザが立った状態で、かかとを踏むことによって、体の中心軸で素早く回ることができる。踏み込んだ左足をカベにして、右半身をぶつけていくイメージです。このとき、左ヒザは自分の体に戻すぐらいの意識を持つことで、そこに支点が生まれ、素早く強く回ることが

ヒジのレール

へその前に真っすぐなレールを
イメージする

レールを通す

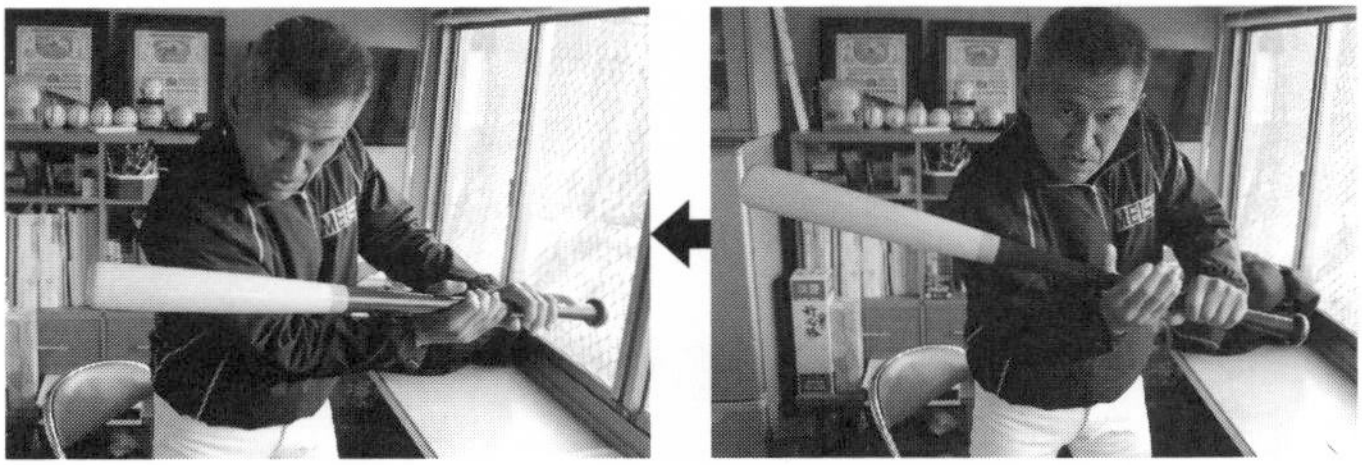

イメージしたレールにヒジを通すようにスイングする。
こうすることで素早くバットを振り出せる

ヒザが立つ

動

前足を踏んだ時点でもヒザに緩みがあり、足の上にヒザがある=立つ状態で体重も均等に乗っていることが大切。踏み込んだ左足をカベにして右半身をぶつけていくイメージで

できます」

前足のヒザが伸び切った状態になると、ヒザが外側に割れ、カベが崩れる。下半身の力が外に逃げるとともに、上半身にも力が伝わらなくなり、必然的にかかとスイッチの点灯が遅れる。

6．インサイドアウトでボールの内側を払う
↓ボールの内側を払う

「インコースを打てないバッターは、インコースを徹底的に攻めれば打ち取れます。ボールの内側を払えないバッターは、まず打てない。インサイドアウトができていない、ということです」

中学生を指導しているときから、インサイドアウトの重要性を説いていたが、それは今も変わっていない。バットの芯を、どれだけ体の近くから出すことができるか。

「コックを入れながら、インサイドアウトで振ることで、バットの芯がボールに長く向いた状態を作れ、ミートポイントが広がっていきます（写真P61＝ボールの内側）。でも、体から遠回りする軌道だと、芯でとらえられるのが一点しかなく、打てるコースが限られます」

ボールの内側を払うには、肩の発射口をピッチャーに向けるとともに、体の近くにレー

ルを作ること。加えて、ボールの見方も大事になる。

「月の半月です。ボールは内側半分しかないものだと思って、そこを打ちにいく」

ボールは丸いが、イメージするのは満月ではなく半月だ。内側をとらえようと思えば、体の近くからバットが出るようになる。

➡手は体から離れ、ヘッドが近づく

ボールの内側半分をとらえるには、高い技術が必要になる。それが、狭間監督がさきほど口にした「コック」だ。

「コックを入れながら振り出し、同時にグリップを体の内側から外に持っていく（インサイドアウト）。コックを入れなければ、振り出しとともにバットのヘッドが体から離れていきます(ドアスイング)。大事なのは、コックを入れながら振り出すこと。それによって、グリップを持った手は内から外に離れていき、バットのヘッドが体に近づいてきます。ヘッドは近づいてこないといけません」

67ページの「支点を作る」の写真を見るともっともわかりやすいが、たしかに、手は体から離れていくが、ヘッドは体に近づいている。コックを入れずに振り出すと、この動き

ボールの内側

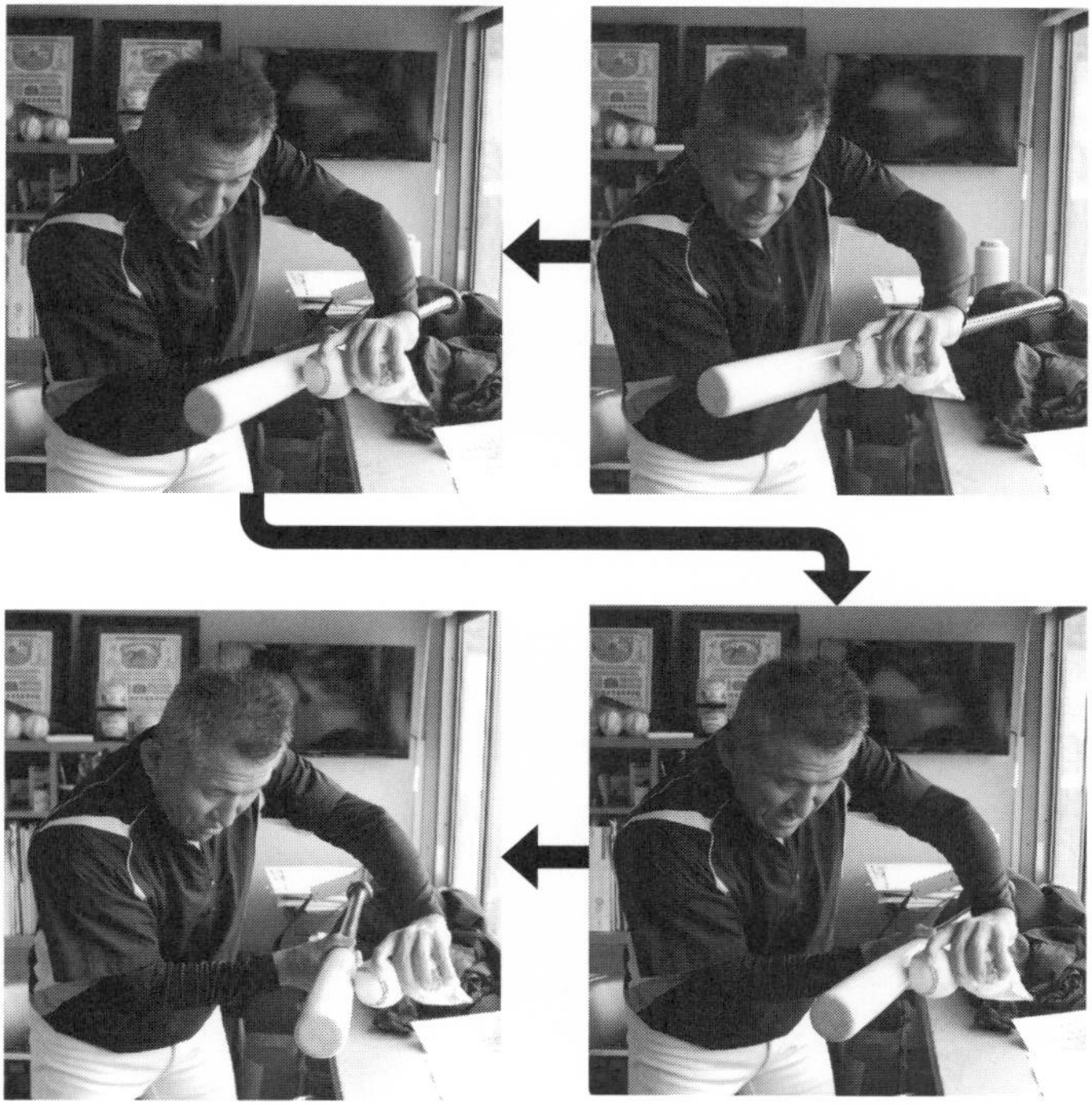

しっかりとインサイドアウトができれば、バットの芯がボールに向いた状態を長く作ることができ、ミートポイントが広がる

ができないという。

テイクバックを取るときに、上半身に過度な捻りを加えると、バットのグリップが背中のほうに入り込む。ここから振り出すには、体を開かないとバットが出てこないため、体の内側からバットを出すのが難しくなる。最初の段階の「備え」がすべてにつながっている。

⬇前の手を逆方向に戻す

コックを入れた状態で振り出し、手は体の中から外へ離れていく。強い打球を飛ばすには、ここからの動きがポイントになる。

「ボールをとらえるインパクトで必要な技術は、グリップ側に支点を作ることです。支点を作ることによって、バットのヘッドが走り、ボールを押し込めるようになる。右バッターであれば、左手を自分の体のほうに戻す。戻すことで、右手が前に出て、バットの押し込みを使える（写真P63＝前手を戻すイメージ）。この右手が追い越す動きがないと、ヘッドを利かせたバッティングができません」

いわば、剣道の「面打ち」の動きをバットスイングの中に入れていく。

「ノックを打つときも、戻す意識を持っている。戻すから、押し込める。だから、そんなに

前手を戻すイメージ

スイングの際、右バッターであれば前の手（左手）を体のほうに戻すことで右手が自然と前に出てバットの押し込みが使える。これにより、ヘッドを利かせることができる

力を入れなくても、ボールが飛んでいくんです」

インパクトで、ヒジを伸ばして打つ意識を持っていると、前の手を戻すのは難しい。ヒジを曲げた状態でインパクトを迎えることが重要になる。ここで、「お腹からヒジが生えている」のイメージが生きてくる。

「ヒジを伸ばして打とうと思っているうちは、インサイドアウトで打つのは難しく、ボールを体の中に入れることもできない。ヒジはボールをとらえたあとに、自然に伸びていくものです」

⬇5本指をうまく使いヘッドを利かす

左手を戻して、支点を作るには、バットの握り方もカギになる。「小指・薬指・中指の外側3本が大事」とはよく耳にするが、狭間監督の考え方は少し違う。

「まずは、手の平ではなく、指で持つこと。指で持った方が柔らかくバットを扱うことができる。小さいとき、えんぴつの端を持って、ぶらぶらと揺らして遊んだことあると思うけど、あのイメージです」

親指と人差し指（あるいは中指も）でえんぴつの端を持ち、そこを支点にして、先端を揺らす。すると、不思議なもので先端が曲がっているように見える。「曲がってる?」と、友達同士で遊んだ人も多いはずだ。このとき、えんぴつの端を力いっぱい持ってしまったら、腕に力が入り、先端をうまく揺らすことはできないだろう。バッティングも、それと同じことが言える。

「いかに、楽に持つか。もっと細かいことを言えば、構えの段階では5本指で軽く持って、コックを入れて振り出すときには、親指・人差し指・中指を中心にして、ヒジをレールに通していく。なぜなら、薬指・小指まで強く握ってしまうと、ヒジをヘソの前まで持っていきにくいからです」

たしかに、自分で試してみるとわかる。5本指でギュッと持つと、後ろヒジを入れにくくなる。

「そして、支点を作るときに、薬指・小指を握る。そうすることで、前の手が逆方向に戻る力が働き、ボールを強く押し込むことができる。手首を親指側に立てるのがコックだとすれば、小指側に傾けるのが逆コック。コックの幅をうまく使うことによって、ヘッドを利かせることができます」(写真P67=支点を作る)

↓最終的に開かなければ打てない

バッティングの世界には「開いてはいけない」という、よく使われる言葉がある。前肩の開きだったり、前ヒザの開きだったり、指導者によって「開き」の定義はさまざまあるが、狭間監督もさきほど紹介したように「胸が向いたら、バッターの負け」と話している。その一方で、「最終的には、開かないと打てない。どこで胸が向くかが大事」とも口にする。

「振り出した手が、体の内側から外側に離れていくときには、体を開いていい。前肩にくるボールを打つのであれば、胸がピッチャー方向に完全に向いてしまって構わない。そこまで向けないと、打てません。よくあるのが、手がまだ内側にあるのに、胸がピッチャーに向いてしまうこと。これが『開き』です。開きが早いと、体の外側からバットが出るため、芯でとらえる確率が下がっていきます」

写真P68（＝肩の高さを打つ）は、冒頭に紹介した前肩の高さを打つ手本だ。手が体から離れていく動きに合わせて、胸が開いてくるのがわかるだろうか。

「開いてはいけない」と思いすぎて、足をクロスに踏み込んで、前肩を内側に入れるバッターもいるが、これは完全に逆効果。発射口がピッチャーに向かないうえに、レールの方向も

支点を作る　動

バットは手の平ではなく指で持つことで柔らかく扱うことができる。構えの段階では5本指で軽く握り、振り出すときには親指・人差し指・中指を中心にして、ヒジをレールに通す。支点を作るときに、薬指・小指の力を使うことで、バットのヘッドを利かせることができる

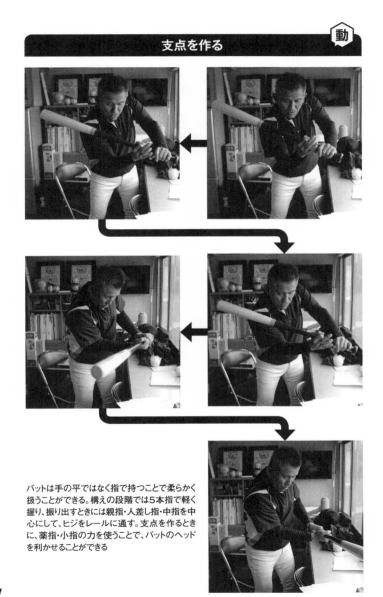

肩の高さを打つ

動

前肩の高さのボール球を打つ手本。振り出した手が体の内側から外側に離れていくときには、体を開いていい。前肩にくるボールを打つのであれば、胸がピッチャー方向に完全に向いてしまって構わない

ずれる。ここからバットを出すには、体を開いて、ピッチャーに胸を見せないといけない。わざわざ、開くための準備をしていることになる。

〈バント編〉

1．リリースまでに構えは完了 ➡バントは2度やる

明石商が得意とするバントについても紹介しておきたい。バッティング同様に、「時間を感じる」がキーポイントになる。

選手にバントの説明をするとき、狭間監督は3つの妖怪の話から始める。私が最初に聞いたのは、明徳義塾中を指導していたときだったが、「こんな説明の仕方があるのか！」と驚かされた。

（1）　腕の長い妖怪
（2）　足の長い妖怪
（3）　首の長い妖怪

それぞれがビヨーンと長く伸びるとしたら、「一匹だけ、バントを100パーセント成功

できる妖怪がいる。それは何か?」と考えさせる。

「正解は、腕の長い妖怪です。バントの構えをしたあとに、ピッチャーのリリースに合わせて、腕をリリースポイントまで伸ばし、心の中でバントする。そのあと、ホームベースの上でもう一度バントする。腕を伸ばしてバントをすれば、リリースポイントからホームベースまでの時間を長く感じ、ボールがくるのを遅く感じられるようになる。だから、リリースのときには構えを終えていなければいけない。失敗のほとんどは、構え遅れ。『バントは二度やる』『バントは待ち伏せ』。これが、バントを決めるポイントです」

バッターボックスの立ち位置にもこだわり、基本的には一番後ろ(キャッチャー側)でバントをする。ここには2つの狙いがあり、ひとつは後ろに下がったほうがピッチャーとの距離を長く取れ、時間を感じられるようになるからだ。もうひとつは、同じ強さでピッチャー前にバントを転がしたとき、打席の後ろでやったほうが、ピッチャーがボールを捕るまでに時間を要することになる。時間がかかるということは、それだけ、送りバントが成功しやすくなるわけだ。

2、バックルの前に芯
➡ミートポイントを安定させる

送りバントの構えは、後ろ足を引くクロススタンスに統一している。右バッターなら、右足を引く。

「バッティングと一緒で、『バックルの前に芯』(写真P72＝バックルの前に芯)。これが鉄則。バックルに芯がこないと、失敗の確率が高くなる。芯を持ってくるには、スクエアやオープンスタンスよりも、後ろ足を引いたほうがやりやすい」(写真P72＝バントの構え)

体重は前足にかけて、目線をボールに合わせる。

「構えたバットの位置よりも、上にくるボールはやりにいかない。基本的には、バットよりも下のボールをやりにいく。低めが多いピッチャーであれば、最初から後ろヒザが地面に着くぐらいの低さで構えて、そこから低めにきたときにはスッと後ろヒザを着けばいい。胸と前ヒザが着くぐらいの低さで構えて、目線をボールに合わせる。コースに対しては、骨盤の角度を変えることによって対応していきます」

バックルの前に芯

バッティングでもバントでも、ベルトのバックルの前に芯がくることが鉄則

バントの構え

スクエアやオープンスタンスよりも、後ろ足を引いた方がバックルの前に芯を持ってきやすい

3．スクイズこそ時間を感じる
➡失敗の多くは構え遅れ

ここ一番で決めるスクイズ。送りバントとの違いはどこにあるのか。

「違いはない。スクイズは『構えを遅らせなければいけない』と思っている人が多いけど、それは間違い。送りバントと一緒で、ボールがリリースされるときには、構えを終わらせておかないといけない。だから、100パーセントの時間を感じられる。ボールを投げられてから構えていたら、そりゃ失敗しますよ」

構えを見て、バッテリーに外される心配もありそうだが……。

「ピッチャーが足を上げたときに、スクイズの構えをしたら、それは外されます。でも、体重移動に入って、前足が着いてから外そうとするのは難しい。どこで構えるか、どこでスタートを切るかは徹底して練習していきます」

ストライクであれば、絶対に決めるという自信があるからこそ、勝負を決する場面で腹をくくってサインを出すことができる。

⬇相手を徹底的に分析する

腹をくくるために欠かせないのが相手のデータだ。ウエストのサインをどのタイミングで出してくる監督なのか、バッターの構えを判断材料にして、ノーサインで外すことができるバッテリーなのか。さまざま視点から相手を分析する。

２０１６年春センバツの１回戦では、９回裏１アウト満塁からサヨナラスクイズを決めて、日南学園を下した。相手エースはフィールディングに長けた左腕の森山弦暉（大阪体育大）。狭間監督はあらかじめ、三塁ランナーに通常時よりも早いタイミングでスタートを切る指示を出していた。なぜなら、キャッチャーが三塁ランナーの動きを見ていなかったからだ。セオリーでいえば、ピッチャーが足を上げたときに、キャッチャーは三塁ランナーの動きをチェックしなければいけない。特に左腕が投げているときは、ピッチャーからランナーの動きが見えないために、余計に徹底する必要がある。

「県大会や九州大会のビデオを見ると、キャッチャーが一度もチェックしていない。だから、早めにスタートを切らせました」

ホームはギリギリのタイミングだった。もし、通常時のスタートであれば、アウトになっていた可能性がある。

このとき、「あれ？」と思ったのが、三塁ランナーがスライディングせずに、そのままホームを駆け抜けたことだった。２０１９年夏の甲子園、宇部鴻城戦でのサヨナラスクイズも駆け抜けていた。このときも満塁だった。今回の取材でそのことを確認すると、「チームで徹底しているわけではないけど、満塁はフォースプレーなので、駆け抜けたほうが速い」と狭間監督。たしかに、一理ある考え方である。

4. 変わらぬバントの重要性
➡最善の策を考えに考える

近年の高校野球はノーアウト一塁や、一、二塁のケースでも、強攻を選択する監督が増えた印象がある。ランナー三塁でも、スクイズではなく強攻。バッティングを鍛えている学校が多いゆえに、この流れには頷けるところもある。しかし、狭間監督はこの流れに疑問を呈す。

「得点の確率が、一番高い作戦は何なのか。選手に任せて、打っていくのもええけど、打ったから勝てた、打てなかったから負けたでおもろいのかな……。うちは、スクイズをだいぶ警戒されるようになったけど、それでも『ここや！』というところではスクイズを使います。打たせたほうが監督としては楽だろうけど、チームがひとつになって1点を取るには、何が最善の策なのか。練習で強打、バント、エンドラン、犠牲フライなど、さまざまな準備をしたうえで、チームとして勝つための選択を考える。スクイズのほうが得点の可能性が高いとなれば、スクイズを選ぶ。そこは監督が苦しんで、覚悟を決めて、サインを出すべきところだと考えています」

「監督が苦しむ」というのが、何とも狭間監督らしい表現ではないだろうか。

ホンモノに即効性はない 基礎の徹底こそ上達の近道

明石商の練習には、「ドリル」がほとんどない。目を引くような練習器具もない。バッティングは、黙々とティーを打ち、ケージで打ち込む。「時間を感じる」「レールを作る」「インサイドアウト」といったように、各自がそれぞれのテーマに向き合って、取り組んでいる。

「ドリルをやるものええし、グッズを使うのもええけど、それは基礎を徹底して、身に付けたうえで取り組むことが大事。しんどいことをやらずに、何か面白そうなことに飛び付いても、なかなか身にはなってこない。選手にずっと言っているのは、『ホンモノには即効性はない』。大事なことを毎日正しく、コツコツとやることによって、自分の力になる。4季連続で甲子園に出られているのは、その部分が大きいと思います」

明徳義塾中時代から取材をしているが、「備え・間・タイミング・バランス」を大事にする指導法は、20年以上変わっていない。これこそが野球の基礎であり、この土台なくして、細かな技術を手にすることはできない。

春夏甲子園ベスト4となれば、その先に見据えるのは日本一。基礎の徹底をより大事にして、未だ見ぬ頂点に挑む。

仙台育英

須江航 監督

「野球のゲーム性を理解し、日本一から招かれる」

すえ・わたる
1983年4月9日生まれ、埼玉県出身。仙台育英では2年秋からグラウンドマネージャーを務め、3年時には春夏連続で記録員として甲子園ベンチ入り。八戸大を卒業後、2006年に仙台育英秀光中等教育学校の野球部監督に就任。中学野球の指導者として実績を残し、2018年に母校・仙台育英の監督に。

1000日計画で目指す頂点 選手に寄り添う打撃指導法

系列の仙台育英秀光中等教育学校で8年連続全国大会出場を果たし、2014年には全中優勝、2015年には全中準優勝を遂げた須江航監督。2018年に仙台育英の監督に就いてから、昨夏の甲子園ベスト8、秋の東北大会優勝と実績を重ねる。現在、日本一に向けた「1000日計画」の真っただ中で、甲子園で勝つための攻撃力を磨いている。

須江 航の「打撃メソッド」とは？

一 年間計画で取り組みを明確に

1カ月ごとに3つのテーマを掲げ、毎月「やるべきこと」を明確にする。いつ、何をやるかを事前に計画しておくことで、その後の結果を論理的に振り返ることができる。結果が出たときに、その理由とプロセスまでわかるようにしておくことが理想。

二 冬はスケールアップの時期

試合のない冬は細かな技術指導などは行わず、打球角度、打球速度を上げて飛距離を伸ばすことを最重要視する。食事とウエイトトレーニングで、体重&筋力をアップさせ、スイングスピード140キロ以上、打球速度145キロ以上（ティーバッティング）を目標値に設定。タイプを問わず、全選手が〝スケールアップ〟に挑戦する。

三

好投手と対戦する機会を作る

公式戦前には、練習試合で全国トップレベルのピッチャーとの対戦機会を作る。150キロ近いボールを投げる速球派と対戦することで、早い段階からトップの位置で待つ重要性やタイミングの取り方など、自らの課題を改めて洗い出す。言葉だけでなく、選手に「体感」させることで、選手に気づきを与える。

四

大きな関節を意識する

トップへ持っていく動きやスイング動作などは、どうしても手首など器用に操作できる末端に近い関節を意識してしまいがち。その分、ブレが生まれやすいため、なるべく肩甲骨や股関節などの「大きな」関節を意識させる。そのほうがブレは少なく、動きを再現しやすくなる。

五

スタンドティーで「当て感」を磨く

バットの芯でとらえる「当て感は」は、バッターにとってもっとも大事な部分。当て感を磨くために、スタンドティーから7メートル先のネットの中に打ち込む練習を繰り返し行う。スイングスピードをなるべく落とさず、狙ったところに打ち込むことがポイント。

中学軟式野球日本一の実績
東北勢初の甲子園優勝へ

春夏甲子園で3度の準優勝を誇る名門・仙台育英。1度目は竹田利秋監督（現・國学院大硬式野球部総監督）、2度目と3度目は佐々木順一郎監督（現・学法石川監督）が指揮を執り、東北勢初の頂点にあと一歩のところまで迫った。

現在、チームを率いるのは仙台育英OBで、2001年春にセンバツ準優勝を経験している須江航監督だ。2018年1月1日に監督に就くと、2018年夏、2019年夏、2020年春と、3度甲子園に出場。名門の強さをしっかりと引き継いでいる。

高校時代はグラウンドマネージャーとして、監督と選手の間に入る難しい役割を全うし、進学した八戸大（現・八戸学院大）では学生コーチを務めた。卒業後、仙台育英秀光中等教育学校の野球部の監督に就任し、2010年から8年連続で全国大会出場、2014年夏の全国中学校軟式野球大会では悲願の日本一を成し遂げた。秀光中時代の教え子に、梅津晃大（中日）、佐藤世那（元オリックス／横浜球友クラブ）、西巻賢二（ロッテ）らがいる。

軟式野球はボールの特性上、ロースコアの接戦が当たり前で、0対0でタイブレークに突入することも珍しくない。7イニング制のため、そもそもの攻撃機会も少ない。そんな中でも、須江監督時代の秀光中は打と走をからめた攻撃的な野球で、高い得点力を誇った。全中制覇を果たした２０１４年は、県大会から全中決勝まで12試合で51得点を記録した。

高校野球になれば、ボールが変わり、イニング数が変わり、選手のレベルが変わり、スピードやパワーも変わる。須江監督は何を変えて、何を変えずに、チーム作りを進めているのか。センバツ大会前に監督室を訪ねると、机の上には２０２０年夏に向けての「年間計画表」が置かれていた。

年間計画表でやるべきことを明確に計画を立てることで振り返りができる

１カ月ごとに３つのテーマが記されている年間計画表。２０１９年秋から２０２０年夏まで、攻撃に関連するところを抜粋すると、次の項目が挙がる。

●10月
打の強さは10月1日まで。精度にこだわる

●11月
センバツ濃厚から一気に打。打で押し切る神宮
体作りは大きさ＞速さ（体重増加）

●1月
打の底上げ（量＞質）
体作りは大きさ＞速さ
●2月
実戦での打の適応確認（正確さへ）
体作りは大きさ＜速さ
●3月
走塁確認、定義・戦術・戦略確認
5対3で勝つ野球の準備。進塁・被進塁にこだわる
●4月
打の強さを再確認へ（量の確保）
体作りは柔らかさ・大きさ・速さからの選択
●5月
出塁率&打率へのこだわり
●7月

戦術戦略確認・準備。強打の選定・実行。

R1(走者一塁)からの奪進塁、助進塁獲得。

*奪進塁=一塁からどれだけ塁を奪ったか/助進塁=走者をどれだけ進めたか

*走者一塁から二塁打で二、三塁となれば、走者は奪進塁=2、打者は奪進塁=1、助進塁=2を獲得したことになる。

秀光中時代から何度か取材をしているが、須江監督は「行き当たりばったり」が嫌いな指導者だ。いつ、何を、どんなふうにやるかを計画立てる。それによって、勝ったときには、「あのときのあの取り組みがよかった」、負けたときには「あの時期にもっとこれをやっておけば」と論理的に振り返りができる。勝因と敗因をしっかりと説明できなければ、次のチーム作りに活かされていかない。

中学生を指導しているときには、こんな話をしていた。

「事前に計画を立てて、それを実行することによって、中学生のうちから、勝ちに向かうプロセスを学んでほしい。勝ち方、成功の仕方を学ぶ。大きな言い方になりますが、『こういうことに取り組んで、こういうことをしたから勝てた』と言えなければいけない。勢いや偶然の勝ちではなく、必然の勝ち。それを求めることに価値があり、次のステージの野球にも必ずつながっていきます」

中学生にも高校生にも、徹底して伝えているのが、「野球のゲーム性の理解」だ。野球にはどのような競技特性があるのか。その大前提となる考え方が、公認野球規則1・05に記されている。

「各チームは、相手より多くの得点を記録して、勝つことを目的とする」

言われてみれば、当たり前で誰もが納得することだ。そして、得点を紐解いていくと、出塁＋進塁の組み合わせによって生み出され、「バッティング＋走塁の絡みで、得点は成り立っている」と、言い換えることができる。

日本一から招かれるチームへ 2018年夏から始まった1000日計画

日本一からの招待——。

秀光中を率いていたときから続く、スローガンである。日本一にふさわしい取り組みをすれば、日本一から招かれるという考えのもと、須江監督が発案した。

高校野球で全国の頂点に立つためには、何が必要なのか。

まずは、監督に就任した2018年1月1日からの歩みを振り返ってもらった。

「不祥事のあとでもあり、ひとりひとりと細かく面談を重ねて、部員全員の幸福感、満足度を求めて、チームを作っていきました。野球の面で、彼らにお願いしたのは、『大きなことを成し遂げようと思ったら、まずは仙台育英の基本となる野球を根付かせなければいけない。それは、守備と走塁の2つ。夏までに守備と走塁のベースを上げていくから、一緒に戦っていこう』。バッティング練習はほとんどやらずに、夏にのぞみました」

前年秋の不祥事により、12月5日から翌年6月4日まで対外試合禁止。2月下旬から部員を6チームにわけてのリーグ戦を繰り返し、優勝チームが夏のメンバー入りを勝ち取る方式を取り入れた。そして、守備と走塁を主にした着実な戦い方で宮城大会を制し、甲子園に出場。しかし、甲子園では浦和学院・渡邉勇太朗(西武)に6回無失点に抑えられるなど、0対9の完敗を喫した。甲子園で打ち勝つだけの準備はまだできていなかった。

この敗戦から始まったのが、頂点に向けての『1000日計画』だ。1000日以内に、高校野球の頂点を獲る。須江監督は、あえて日数を区切ることによって覚悟を決めた。

2018年の新チームは、守備と走塁の再確認からスタート。一定レベルで身に付いていると判断したうえで、9月第3週から初めて本格的なバッティング練習に入った。秋は打って勝つ。バッティングで神宮大会まで突き進む。だが、秋の東北大会では「打つしか選択肢がなかった」という状態の中、13安打を放つも決定打が出ずに、花巻東に延長10回5対6で競り負けた。

その後も、翌年3月までバットを振り続け、シーズンに入ってからは、ランナー三塁からの得点パターンを確立させるなど、勝つための策を磨いていた。迎えた1000日計画1度目の発表となる2019年夏は、甲子園ベスト8進出。飯山、鳴門、敦賀気比を下すも、準々決勝で星稜に力負けを喫した。それでも、敗戦後、須江監督は手ごたえを口にした。

「負け方が残念なので説得力はないですけど、近い将来、必ず面白い野球で日本一を獲るというのが具体的に描けました」

そして、2019年の新チームは、前年同様に守備と走塁を確認したあと、バッティングに移行。宮城県大会、東北大会、神宮大会の計9試合で82得点を記録し、すべての試合で6点以上を奪う強打で、打ち勝ってきた。

スケールアップを目指す冬
打球飛距離・打球角度を追求する

グラウンドを訪れたのは、2020年1月。底冷えする寒さに思わず体が震えたが、選手たちはグラウンドでフリーバッティングとロングティーに取り組んでいた。どの選手も、全身を目一杯使ったフルスイングで、遠くに飛ばそうとする意志が伝わってきた。

「あれでいいんです。今はそういう時期なので」と、監督室から静かに見守りながら、言葉を続けた。

「秋の東北大会が終わってからは、バッティングの底上げに取り組んでいます。具体的に言えば、角度を上げて飛距離を出す、打球速度を上げる。つまりは、出力を上げていく。この時期にスケールアップに時間をかけておかなければ、出力が上がらないまま、シーズンを迎えることになってしまう。体の小さい選手や、足が武器の選手であっても、飛距離と打球速にこだわっています」

この練習においては、細かい技術はほとんど触れない。一本足で打とうが、後ろ肩が下がろうが、アッパースイングになろうが、問題にはしていない。大会期間中はどうしても目の前の数字（結果）が気になり、バッティングが小さくなりがちだ。それを一度ぶち壊し、スケールアップに挑戦する。

「バッターのタイプや可能性を見極めるうえでも、一度は通る道だと思いますし、通らなければいけない道だと思っています。昨年も同じ取り組みをして、そこで小濃（塁／日大）や大栄（陽斗／中央大）のバッティングに力強さが加わるようになりました」

目指すべき数字も明確にして、3年夏時点でスイングスピードは140キロ以上、打球速度145キロ以上（ティーバッティング）が目標値となる。例年、レギュラー陣はこれに近い数字を持つ。

同時に、食事とウエイトトレーニングによる体重アップ、筋力アップにも力を注ぐ。年間計画表にある、「大きさ＞速さ」に当たるところだ。速さを求めるのはシーズンに入ってからでいいので、冬の時期は大きさを求めていく。140キロ台後半のストレートが武器で、打では長打力が魅力の笹倉世凪は、冬だけで8キロ近い体重アップに成功した。

「冬は大きさが再優先。2月に入ってからは、シーズンが近くなるので、速さが優先になります。一塁駆け抜けのタイムが落ちるなど、何か弊害が見られるようであれば、体重を落としていきます」

秀光中時代から実践しているが、須江監督はさまざまな数字を取り、記録する。ピッチャーであれば、ストライク率や奪空振り率、走者一塁からの被進塁率など、多岐に及ぶ。

「選手を客観的に評価するには、数字は欠かせません。メンバーを決めるときに、周りが納得する判断材料にもなります」

「チャンスに強いだろう」「抑えてくれるだろう」といった主観を排除し、選手を評価している。

ミートポイントの確認振り出す準備を早く作る

飛距離と打球速度の獲得を目指す冬。細かなフォームは気にせず、フルスイングしていいのだが、その中でも注意点が2つある。ひとつは、ボールをとらえるミートポイントだ。「遠くに飛ばそうと思えば、必ずポイントが前になっていきます。腕が伸びたところでとらえたほうが、引っ張った打球は飛んでいきますから。それはそれでいいとして、彼らには『ポイントが前になることだけは、理解しておくように。実戦で打とうと思ったら、今と同じポイントで打率を残すのは難しい。スタンドティーや横からのティーなどで、実戦に近いポイントで打つことも、自主練習の中で補っておくように』と言っています」

ただし、あくまでも、メインテーマは出力アップ。ミートポイントのことをあまり言いすぎると、本末転倒になるので、あくまでも全体練習の中では飛距離と打球速アップに取り組む。

もうひとつは、ピッチャーとのタイミングの問題だ。冬場はスローボールを打ったり、ロングティーをしたり、緩い球を飛ばす機会が圧倒的に多くなる。そこで起こりうる弊害が、テイクバックに入るタイミングが遅くなることだ。この感覚が体に染みつくと、シーズンに入ってからの順応に時間がかかってしまう。

「冬場、バッティングケージを5カ所作るとしたら、1カ所だけ8メートルの距離から、120キロぐらいで投げるピッチャーを入れておきます。距離が短いので、体感としては140キロ近くになる。これは甲子園で浦和学院に負けてから取り入れたことで、今は1年通してやっています。狙いは、トップを早く作ること。グリップをキャッチャー方向に引いて、引き切ったところがトップ。つまり、バットを振り出す準備を早く作る。ボールを持ったピッチャーの手と、バットを持った手の距離をできるだけ長く取れるのが理想です。これは、中学生にも高校生にも言えることですが、手を引き切るのが遅い選手が多い。ボールがリリースされるときには、もう準備を終えていないと、速いピッチャーの対応は難しくなります。ただ、これは言葉で言ってもなかなかわからないことで、実際に速いボールを打っておかないと、自分で気づくことができません」

シーズンに入ってからの話になるが、準備の重要性を理解させるために、あえて好投手と対戦する機会を作り出している。ドラフト候補と呼ばれるレベルのピッチャーと対することで、「今のタイミングでは打てない」と気づかせるのだ。

「監督として、気を配っているのが練習試合の相手です。公式戦前の3月、6月、9月、10月に、トップレベルのピッチャーと戦っておく。ぼくの感覚としては、140キロぐらいであれば、準備が多少遅くても対応することはできます。でも、148キロを超えてくると、その遅さが致命的になる。そこにどれだけ早く気づけるかです」

昨年は、大船渡の佐々木朗希（ロッテ）、興南の宮城大弥（オリックス）、横浜の及川雅貴（阪神）ら、のちにドラフト上位で指名されるピッチャーと戦った。

加えて、バッティング練習を動画で撮影して、「このタイミングでは遅いよ」と視覚的に気づかせることも多い。秀光中時代から、iPadやスマホを活用して、さまざまな場面を撮影していたが、「高校に移ってからのほうが、より動画を撮るようになりました」と話す。そこには、中学生と高校生が歩んできた道の違いがある。

「高校生は、自分なりの理論や考え方を持っています。だから、頭ごなしに言葉だけで伝えても、それまでの取り組みをなかなか変えられない。気づかせるためには、好投手との対戦や、自分の映像を客観的な視点で見ることが必要だと思っています」

そして、手を引き切るタイミングが遅れ、結果が出なくなると、たいていの選手はトップの位置が浅くなってくる。その結果、バットを振る出力は弱くなり、ボールに対する間合いも取れなくなる。

「もうこれは絶対といっていいレベルですけど、状態が悪いバッターは、トップが浅くなっています。空振りしたくないという心理が働いているのかはわかりませんが、本当に多い。でも、バッター自身はなかなかわからない。これも、映像を撮るしかありませんね。ひたすら、映像を撮ります」

深いトップを作るには、どんな練習が必要か。須江監督が、秀光中時代から大事にしている練習がある。

メニュー①レッドコード（写真P96）軸足のヒザの内入れを防ぐ

レッドコードとは、上から吊るされたロープの上に手や足を乗せて、体幹を鍛えるトレーニングである。もともとは、ノルウェーでリハビリ用に開発されたものだが、今ではアスリートの身体強化にも使われている。それなりの値段がするため、秀光中のときは荷造り用のロープで代用していたが、高校にはホンモノのレッドコードが設置されている。２０１５年秋にドラフト指名を受けた佐藤世那と平沢大河（ロッテ）が、契約金の一部から寄贈したものだ。

ロープの上で、スクワットをしたり、レッグランジをしたり、さまざまなメニューがあるが、バッティングに直結するのがこのメニューだ。バッティングの構えをイメージして、台の上に軸足、ロープに前足を入れる。ここから、前足をピッチャー方向に移動させ、「割れ」を作る。ポイントは、軸足の股関節に力をためて、ヒザが内側に入り込むのを防ぐことだ。

「ピッチャーもバッターも、どれだけ横向きの時間を作っていられるかです。軸足のヒザが早く内側に入ると、体が正面に向きやすくなり、捻転を使えなくなります」

体が正面を向けば、トップの位置も浅くなる。深いトップを実現するためには、軸足の股関節の使い方が大事になっていく。

メニュー②輪っかスイング（写真P97）肩甲骨でトップを作る

「輪っか」を活用したスイングドリル。両手で輪っかを持ち、ハンドルを回すイメージで、深いトップを作る。ここから、後ろヒジを体の内側にねじ込み、インパクトの形を作る。

「後ろヒジを落として、ボールの軌道にバットを入れていく。特に左バッターはこの意識を持つことで、振り幅が長くなる選手がいます」

ここで大事なのは、手や腕ではなく、肩甲骨を大きく使うことで、深いトップを作り出

レッドコード

バッティングの構えをイメージして、台の上に軸足、上から吊るされたロープに前足を入れる。ここから、前足をピッチャー方向に移動させ、「割れ」を作る。ポイントは、軸足の股関節に力をためて、ヒザが内側に入り込むのを防ぐこと

輪っかスイング

両手で輪っかを持ち、ハンドルを回すイメージで、深いトップを作る。ここから、後ろヒジを体の内側にねじ込み、インパクトの形を作る。手や腕ではなく、肩甲骨を大きく使うことで、深いトップを作るのがポイント

すことにある。肩甲骨を使って、後ろヒジを速く強くねじ込むことが、スイングスピードの速さにもつながっていく。

打率4割以上、出塁率5割以上スタンドティーで「当て感」を磨く

年間計画表に話を戻すと、バッティングのスケールアップは1月で終わり、2月からはセンバツに向けて「実戦での打の適応確認（正確さ）へ」に入る。大会後の4月からは「打の強さを再確認（量の確保）」と再びスケールアップに戻り、5月からは「出塁率&打率へのこだわり」に移っていく。

「打率を出そうとすれば、バッターの本能として、ステップ幅が狭くなったり、無駄な動きが削ぎ落されたり、いろいろとシンプルになってくるものです。ただし、トップが浅くなってしまっては、結果に結びつかない。そこだけは言うようにしています」

求める数字は、打率4割以上、出塁率5割以上。かなり高い数字に思えるが、このぐらいの数字を残さなければ、レギュラーには食い込んでこられない。5月は夏のメンバーを決める最終選考の時期となり、数字を残すことによって、「お前なら、任せられる!」と仲間からの信頼を勝ち取ることができる。

須江監督がバッターを見るときに、大事にしているのが「当て感」だ。バットの芯でとらえる力がどれほどあるか。一番わかりやすい数字が、「空振り率」だという。

「同じコース、同じ球種の球を、2球連続で空振りしてしまうバッターは、なかなか打率が上がってきません。たとえば、140キロの外のストレートを空振りしたとします。当て感があるバッターは、その1球で修正が効く。中学生のバッターを見るときも、空振りがどのぐらいあるのかをよく見るようにしています」

「このスイングだと、当たったら飛んでいく！」と感じる未完の大砲がいるが、芯でとらえる確率が低いため、打率がなかなか上がってこない。負けたら終わりのトーナメントでは、スタメンで使いにくいバッターとなってしまう。

当て感を磨くために、シーズンに入ってから取り組むのがスタンドティーだ。7メートル先にネットを置いて、3球連続や5球連続でネットの中に打ち込む練習を繰り返す。

「止まっているボールを狙い通りに打てなければ、動いているボールも打てない」という発想だ。注意点は、スイングスピードをできるだけ落とさずに打ち込むことだ。140キロのスイングスピードを持っているのなら、それに近い数字で狙ったところに打ち込む。

「試合の中で、マックスのスイングスピードをどれだけ出せるか。昨年でいえば、中里はマックスに近いスピードを出せる選手でした」

一番を任され、夏の甲子園で18打数10安打と爆発した中里光貴（帝京大）。フルスイングしながらも、芯でとらえる技術を備えていた。

実戦で結果を出すための取り組み バッティングとは向き合わない

練習で培った力を、試合で発揮するにはどんな考えが必要になるのか。須江監督は、意外な言葉を口にした。

「大会が始まったら、もうバッティングとは向き合いません」

こんなことを言う監督は珍しい。どういうことか？

「打った打たないは、あくまでも結果です。バッティングと向き合うことは、練習で終わらせておかなければいけません。簡単に言えば、『数字と向き合わない』ということです。トーナメントに入ってから、数字に向き合うと、バットが振れなくなります。選手は周りが何も言わなくても、嫌でも打率を意識しますから」

2試合無安打が続くと、8打数0安打や9打数0安打になる。選手本人としては、打率が悪いことは当然わかっている。そこで、監督までもが数字に固執していたら、選手は余計に結果を意識してしまうことになる。そして、結果を気にすることで、トップが浅くなり、ボールとの間合いが取れなくなる悪循環にはまりかねない。

実戦で意識することは、「やるべきことをやる」。そこに尽きる。結果思考ではなく、取り組み思考に持っていく。わかりやすい例を挙げると、狙い球がそのひとつだ。

以前、秀光中の試合を見ていて感心したのが、「太ももから上!」「胸の高さまでオッケー!」と言うように、選手同士で狙い球の確認をしていたことだ。それも、体の部位で意思疎通していることに驚かされた。そこには、「高めや低めは、主観的な表現であり、選手によって考え方が変わる」という須江監督の考えがある。胸が「高め」だと思う選手もいれば、肩が「高め」だと思う選手もいるだろう。それを防ぐために、ふともも、ベルトなど、誰もがわかる「共通言語」で会話をする。

「基本的には、低めの変化球を振らないために、ストライクゾーンを上げさせています。でも、それは全員ではありません。ヒザの高さのほうが、バット軌道が合っている選手は、振りに行っていい。最終的には、個人の特徴を見たうえで、自由を与えるようにしています。打つ球の選択は、非常に重要だと感じます」

対ピッチャーの話を補足すると、高校野球の世界は「左腕が勝ちやすい」と長年言われ続けている。昨秋の関東大会では出場15校中11校の背番号1が左で、ベスト8進出校のエースはすべて左が占めた。しかも、140キロのストレートを記録した左腕は誰もおらず、キレ、緩急、コントロールで勝負するタイプだった。

「中学生のリクルートのときから感じることで、どの監督も左ピッチャーを探しています。それだけ、左腕が有利とわかっているのでしょう。やっぱり、対戦経験が少ないことは影響していると思います。バッティングピッチャーで考えても、右投手が多くなりますから」

しかし、対戦経験が少ない理由だけで、左がこれほど有利になるのだろうか。須江監督が考える「勝てる左」とは？

「『左はクロスファイアーが生命線』とよく言われますが、高校野球で勝つピッチャーはそこではないと思っています。生命線は右バッターの外の出し入れ。ストレートと、逃げる系のチェンジアップをコントロールミスせずに投げることができるか。インコースを中心にすると、甘く入ったときに長打になりやすい。外はコントロールを間違わなければ、試合を作ることができます。左バッターに対しては、外に逃げるスライダーが中心。結局、右にも左にも逃げる系の精度がカギになってきます」

バッターの目から遠いところで、どれだけ勝負ができるかがポイントになる。このタイプの左腕と対したとき、須江監督であればどのような攻略法を立てるか。

「ニュアンスとしては『真剣に打たない』ってことですね。つまりは、外のチェンジアップ、外のスライダーを振らない、追いかけない。アウトローの見逃し三振はオッケーにします。追いかけていったら、ピッチャーの術中にはまります」

この手のタイプは、ランナーを出しながらも、要所を抑えることが多い。点が入りそうで、入らない。そこで、「打ってやろう！」と余計な力を入れてしまうと、なおのこと相手のペースになる。

得点を生み出す打順の組み方
2つのタイプをバランスよく

秀光中時代から、打順の組み方にこだわりを持ち、練習試合のときから何通りも試していた須江監督。7イニング制だったこともあり、一番打者や二番打者にもっともOPSが高い選手を置く傾向にあった。戦いの場を高校野球に移して2年半が経つが、中学と高校で打順の考え方に違いを感じているのだろうか。

「軟式と硬式で一番難しいのが、失点のコントロールです。相手を何点に抑えられるか。うちが何点取らなければ負けてしまうのか。そこの読みがあったうえで、打順の組み方や、作戦の選択が決まってきます。中学のときはほとんど外れることはなかったのですが、金属バットの高校野球は難しい。ちょっとずれると、5点ぐらい一気にずれてしまいます」

ずれることによって、何が起きるのか。

「守備型のオーダーが組みにくいということです。保険を掛ける意味でも、常に攻撃型になる。攻撃重視で、得点を取りやすい打順を組むことが増えています」

9人の並びで考えると、「ツボ系」か「崩されても打てる系」でバッターを分類して、打順全体のバランスを見ているという。

「ツボ系は、自分の得意なところには滅法強く、長打にする力を持っている。崩されても打てる系は、変化球に泳がされても片手一本で拾えるなど対応力があります。9人全員がツボ系だと、同じやられ方をする恐れがあるので、スタメンに入るのはだいたい2人か3人。昨年四番を打った小濃や、今年の四番の入江（大樹）は、このタイプです。笹倉はツボ系のように見えて、意外に崩されても打てる系。フルスイングしてほしいところで、当てにいくこともあるので、そこはこれからの課題になります」

小濃と入江は、プルヒッターの長距離打者だ。ツボにはまったときは、とんでもない打球を飛ばす。彼らに対する攻め方を見て、須江監督は「四番打者」に対する中学と高校での違いを感じたそうだ。

「高校では、四番を四番として扱ってくれます。体が大きくて、ツボにはまれば長打があるバッターを置くと、ボール球の変化球から入ってくるなど警戒をしてくれる。中学のときは思わなかったんですが、『四番は打線の象徴』と感じます」

当然、その前後を打つ存在も大事で、四番を警戒してくれるからこそ、そのひとつ前にいる三番勝負が増え、「四番がフォアボールのあとの五番」というシュチュエーションも多くなる。

「理想を言えば、二番に長打が打てる選手が入れば、得点力は一気に上がります。今、二番を打っている田中（祥都）はもともと足がありましたが、そこに長打力が付いてきた。二番として、いい選手に育っています」

采配は、代打を積極的に使うのが特徴だ。2018年の戦いで話題になったのが、複数キャッチャーで戦う「継捕」の採用である。夏の7試合で、キャッチャーひとりで戦い抜いたのは1試合のみ。7試合中5試合で、3人のキャッチャーをつないだ。そこには、ピッチャーの良さを引き出すとともに、積極的に代打を使える利点があった。

「代打を出すことによって、攻撃にリズムが生まれます。試合の流れを変えたいときにも代打が必要。でも、ピッチャーにはなかなか出しにくい。キャッチャーが複数いることで、代打を出せる選択肢が広がりました」

今年は3年生の小野寺真輝と、2年生の木村航大の二枚が中心になる。それぞれの特徴を生かすための起用法を考えている。

軟式出身者と硬式出身者の違い 硬式出身者のほうがバットを振る

昨夏の甲子園はベンチ入り18名中12名（そのうち9名が秀光中）が中学軟式出身者だった仙台育英。これは、甲子園常連の強豪としてはかなり多い部類に入る。近畿地区の強豪は、ほぼ9割近くが硬式出身者で占められることが珍しくない。

昨今、盛んに言われているのは、「投手は軟式、野手は硬式」という考え方だ。さまざまな数字を見ると、軟式出身の野手が硬式出身者に押されていることがわかる。

〈2018年プロ野球選手〉

【投手】中学軟式226名／中学硬式182名

【野手】中学軟式134名／中学硬式277名

〈2019年ドラフト指名選手〉

【投手】中学軟式24名／中学硬式25名
【野手】中学軟式16名／中学硬式42名
〈2019年侍ジャパン〉
【投手】中学軟式10名／中学硬式3名
【野手】中学軟式3名／中学硬式12名
〈U－18侍ジャパン（2014年〜19年合計）〉
【投手】中学軟式22名／中学硬式25名
【野手】中学軟式7名／中学硬式60名

U－18侍ジャパンで見ると、6年間で中学軟式出身の野手はわずか7名。中学の部活動を取り巻く環境がより厳しくなっている現状を考えると、さらに減る可能性がある。

高校で活躍するために、中学時代にやっておくべきことはどんなことか。

「軟式にも魅力的な野手がたくさんいます。ただ、硬式と比べるとヒットが出にくいので目立たない。それでも丁寧に見ていけば、必ずいます。重視するのは、月並みですが、足と肩。あとは、サイズ以上の力があるか。体が小さくても、出力が高い選手には魅力を感じます。だからこそ、中学時代に体の強さを養うことは絶対に取り組んでほしい。相対的に見ると、硬式からきた選手のほうが体が強い。日ごろから軟式よりも重たいバット、重たいボールを打っていることも関係していると思います」

加えて、バッティング面において、こんな違いも感じるという。

「全員というわけではないですが、硬式出身の子のほうが振るべきカウントで、フルスイングを仕掛けてきます。勝負根性というか度胸というのか、適切な表現はわかりませんが、結果を恐れずに振りにいく。でも、軟式出身の子は、なかなかバットが出ない。振ってほしいところで、見逃してしまう。とてもわかりやすくいえば、『手数が足りない』ということです。笹倉もその傾向がありました。でも、彼の場合は、超勝ち気な中里の積極性に影響を受けて、振れるようになってきました」

過去に、大会別の「ファーストストライクスイング率」を調べたことがあるが、軟式と硬式で大きな差が出ていた。簡単に言ってしまえば、ヒットが出やすいカテゴリーほど、積極的にバットを振る。

・2018年夏甲子園　4割9分3厘
・2018年ジャイアンツカップ　4割7分7厘
・2018年全日本少年（軟式）　4割2分9厘

・2017年全中（軟式） 4割0分5厘

軟式野球はヒットが出にくいので、バットを振ることが必ずしも出塁や打率につながるわけではない。振らずに待ったほうが良いこともある。それが、手数の足りなさにつながっていると推測できるが、高校で活躍することを考えると、積極性を身に付ける必要がある。

「中学のときから、ファーストストライクを振る習慣を付けてほしい」と須江監督は語る。

「基準」と「約束事」をもうけた走塁
指導者の「後出しジャンケン」をやめる

最後に、攻撃を構成するもうひとつの要素である走塁についても触れておきたい。

昨秋の神宮大会で、印象的なプレーがあった。天理との初回、一死一塁から打者・宮本拓実のときにエンドランを仕掛けるも、セカンドライナーでゲッツーに終わった。このとき、一塁ランナーの渡邊旭は、塁間でスピードを緩める素振りを一切見せず、そのまま二塁に向かっていった。

「1アウト一塁からのエンドランなので、目的は一、三塁を作ること。スタートを切っているので、ライナーバックは必要ありません。そもそも、戻れませんから。もし、内外野の中間に上がったフライだったとしても、そのまま走っていっていい。『カンチャンGO！』

というルールにしています」

走塁面に限らずではあるが、チーム作りにおいて、須江監督が心がけているのが、「後出しジャンケンはしない」ということだ。グーを出してきたら、パーを出す。チョキを出してきたら、グーを出す。相手の出方を見てから、自分の出方を決める。これが、後出しジャンケンだ。これをされると、選手は何をしていいかわからなくなる。迷いを与えないために、あらかじめ、チームとしての約束事を決めていく。

たとえば、一塁ランナーのリード幅。仙台育英では「最低でも365センチは出る」（一塁ベースから左足まで）と基準を決めている。前もって決めておけば、試合中にベンチから「リードをもっと取れ！」「小さくしろ！」という声が飛ぶことはなくなる。

チーム全体でこうした約束事や基準を理解したうえで、走塁練習を繰り返す。重点的に行うのが、3月から5月だ。走塁の基礎を反復し、体に染み込ませていく。

基準を視覚化するために、各塁間にミニコーンを置くことも多い。一例を挙げると、一、二塁間の半分の位置に「ハーフウェイ」、塁間を4分割したときの二塁ベース側に「クォーターウェイ」、一塁側に「逆クォーターウェイ」を示すコーンを置く。このコーンが生きるのが、外野フライに対する打球判断だ。

「外野フライの状況判断は、練習をしておかないとなかなかできるようになりません。どうしても、打球を見ながらふらふらしてしまう。基準となる場所まで走っていき、そこで打球判断をしてほしい。たとえば、ノーアウト一、二塁で左中間奥へのフライ。二塁ランナーはタッチアップの準備で、一塁ランナーはクォーターの位置で待っておく。『行って、止まって、判断する』を何度も繰り返していきます」

ただ、走塁に対する徹底度は、秀光中のときほど濃くはない。一番顕著に見えるのが、二塁盗塁時のスライディングだ。秀光中では、左足を伸ばすスライディングに統一していたが、今は右足を伸ばしている選手もいる。

なぜ、左足を選択していたのか。須江監督は、盗塁の構成要素を①リード、②帰塁、③スタート、④中間走、⑤スライディング、⑥ネクストプレーの6つに分類するが、ネクストプレーは左足を伸ばしたほうが、判断が速くなるという持論がある。「顔が外野に向くので、キャッチャーからの送球が逸れたことを自分の目で確認しやすい」ということだ。その一歩を瞬時に切れるかどうかが、三塁を陥れられるかの差になる。中学軟式野球の場合、ノーアウト三塁、1アウト三塁をどれだけ作れるかが勝負のカギを握っていたため、二盗から相手のミスで一気に三塁に行けることに大きな価値があった。

しかし、両足スライディングを身に付けるには、地道な練習ドリルと、それ相応の時間が必要になる。高校生にもなると、逆足で滑ることへの恐怖心も芽生えてくる。

「両足スライディングの練習もしますが、徹底するところまではいっていません。ほかの練習との優先順位を考えると、今の段階ではまだ難しいところがあります」

このあたりの細かな走塁が、今後どのようにバージョンアップしていくのか注目したい。

この春のセンバツ中止を受けて、須江監督は年間計画表に微調整を加えた。4月いっぱい、バッティングの出力アップに時間を割くとともに、部内を5チームに分けてのリーグ戦を実施する。

年間計画表の8月の欄には、3つの目標が記されていた。

・2018年8月12日から2度目の発表会（1000日計画）
・1度目の完成型（高水準の総合力）野球
・必ず面白い野球で勝つ

「東北勢が日本一になるには、面白い野球をすることです。今までと同じことをやっていても、歴史は変わらない。面白い野球で勝ちます」

1000日計画から2度目の夏。高い攻撃力を生かした野球で、頂点を獲りにいく。

國學院大学 人間科学部 准教授

神事努

「フライボール革命の真実」

じんじ・つとむ
1979年生まれ。國學院大學人間開発学部健康体育学科准教授。株式会社ネクストベース・エグゼクティブフェロー。2016年まで東北楽天ゴールデンイーグルスの戦略室R&Dグループのアドバイザーを務め、現在は多くのプロ野球投手が、最新の「ピッチデザイン」のアドバイスを受けに訪れている。

まず必要なのはスイング速度
“空振り”を恐れない文化を

「フライボール革命」「バレルゾーン」。3年ほど前から、頻繁に耳にするようになった言葉である。昨年、MLBではシーズン最多本塁打記録が生まれるとともに、三振数のワースト記録も更新された。海の向こうで一体、何が起きているのか。日本の野球界にどのような影響を及ぼしているのか。スポーツ科学の見地から、プロ野球選手にもさまざまなアドバイスを送る神事努先生に、フライボール革命の真実を聞いた。

「フライボール革命」とは何か?
打球速度158キロ、打球角度26~30度

――まず、「フライボール革命とは何ですか?」という基本的なところから教えてください。興味を持っている指導者、選手も多いと思います。

神事 「スタットキャスト」(軍事技術である追尾レーダーを応用したデータ解析ツール)が2015年にMLBのすべての本拠地に導入されたことによって、グラウンド上のさまざまなデータを記録し、分析できるようになりました。そこで、無数のビックデータが蓄積されていく中で、「どういう打球がホームランになりやすいか」が明確になったのです。直接的に関係するのが、打球の速度と打球の角度。打球速度だけを見れば150キロ以上(図1)、打球角度だけで判断すると20度~29度(表1)がホームランになりやすいことがわかっています。その打球を狙って打ち始めた取り組みが、「フライボール革命」となるわけです。

――「バレルゾーン」という言葉もよく耳にするようになりました。

神事 打球速度と打球角度の組み合わせによって作られるゾーンで、バレルゾーンに入る打球は、打率5割、長打率1・500以上となります。

――とんでもないハイアベレージですね。

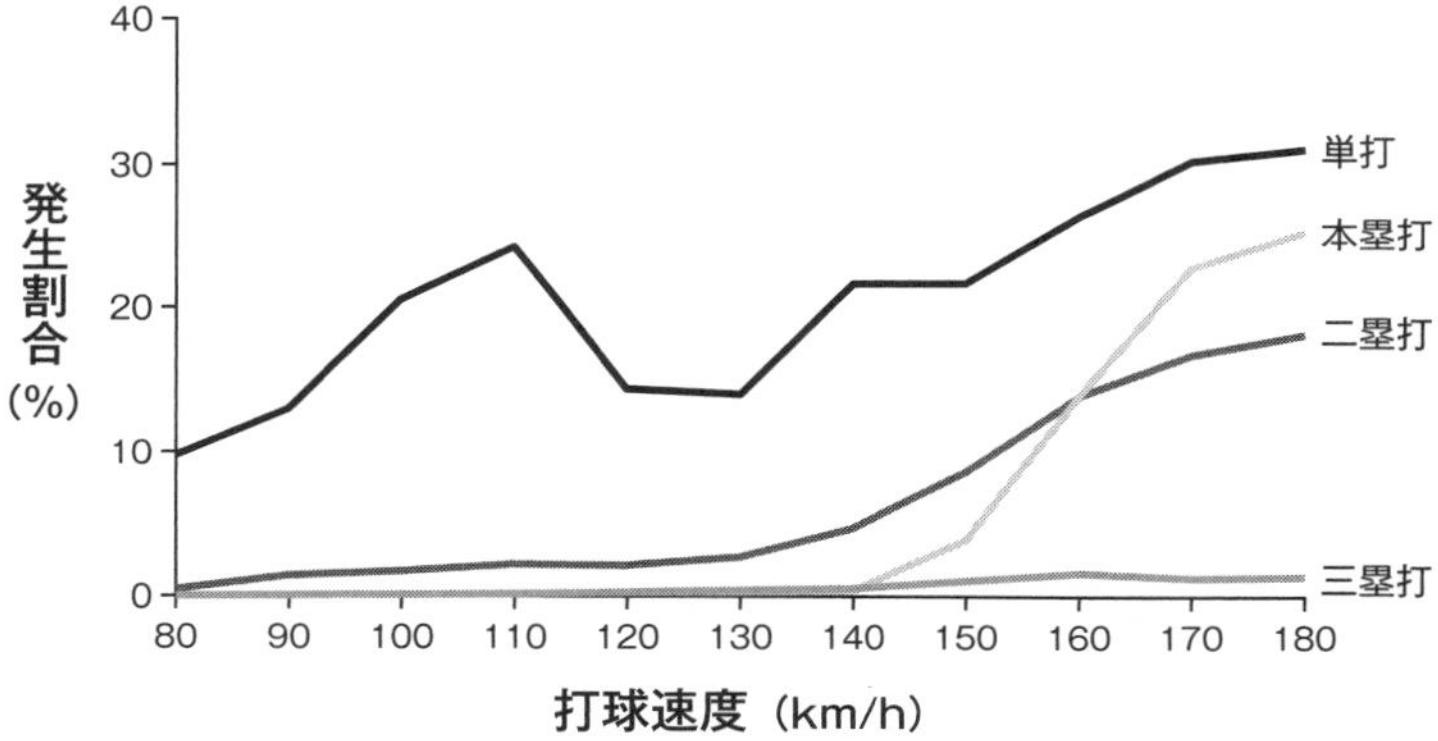

図1　2018年メジャーリーグ打球速度別発生割合

打球角度(°)	長打率
−10 〜 −1	0.352
0 〜 9	0.624
10 〜 19	1.075
20 〜 29	**1.787**
30 〜 39	1.293
40 〜 49	0.157

表1　2019年メジャーリーグにおける打球角度毎の成績比較
（※打球速度140km/h以上）

データ提供:株式会社ネクストベース

神事　バレルゾーンに入るには、最低158キロの打球速度と、26～30度の打球角度が必要になります。打球速度が速くなるほど、バレルゾーンに入る打球角度は広がっていきます（図2）。

――「フライボール革命」も「バレルゾーン」も、2017年頃から頻繁に耳にするようになりましたが、MLBで本格的に取り入れられたのはいつぐらいなのでしょうか。

神事　2014年にトロント・ブルージェイズの選手数人が、フライボール革命に近いことをやっていたと言われていますが、分岐点となったのは、やはり、スタットキャストが導入された2015年です。ヒューストン・アストロズを筆頭に各球団に広がり、リーグ全体のホームラン数が一気に増えました。

――MLB全体のホームラン数を見ると、2019年には6776本塁打が生まれ、記録が更新されました。過去のシーズン本塁打数ベスト5を見ると、2016年から2019年までの4シーズンの記録が、5位以内にランクイン。フライボール革命のすさまじい力を感じます。

神事　どういう打球をどんな角度で打てば、ホームランになりやすいかがわかったことで、実際に起きている現象から逆算して、物事を考えられるようになりました。打球速度を上

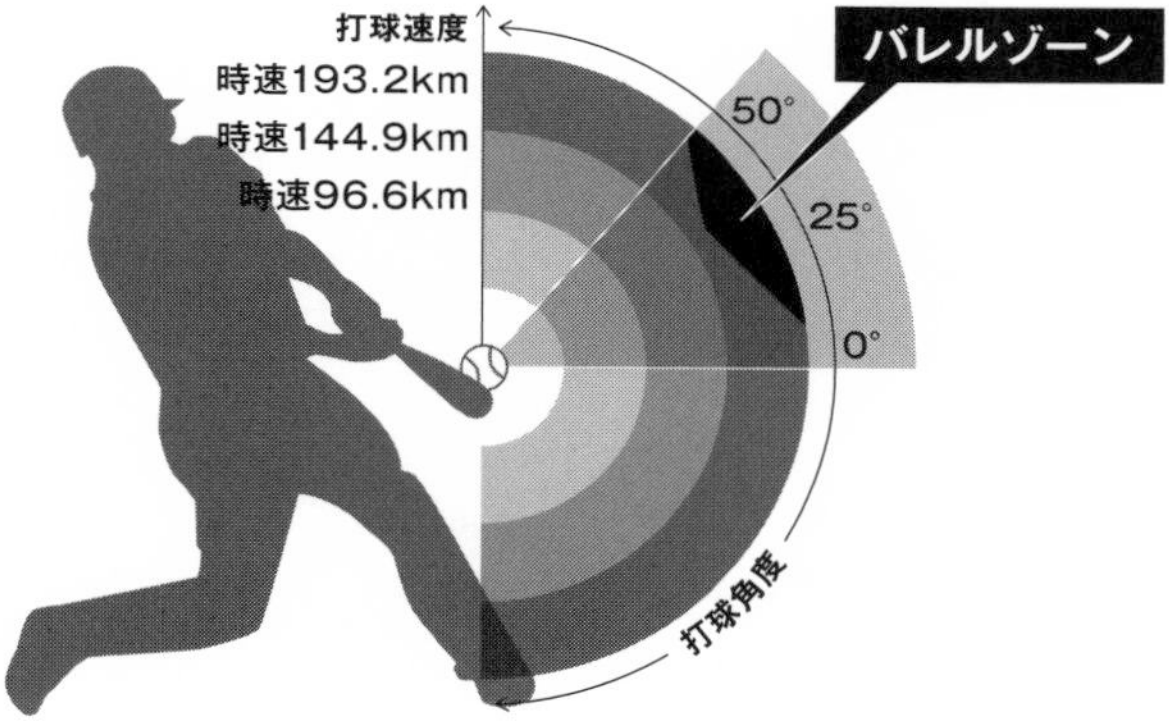

図2 **バレルの定義。打球速度と打球角度の組み合わせで、バレルゾーン(図中黒のゾーン)に入った打球は長打の割合が急増する**
データ提供:株式会社ネクストベース

げるには、一定以上のスイング速度が必要になり、そのためにはウエイトトレーニングで筋量を増やして、筋力を高めていかなければいけない。そして、打球に角度を付けるには、アッパー気味にスイングしたほうが理にかなっている。「体力」と「技術」の両面で、やるべきことが明確になったのが大きいと思います。

――野球界として、いい流れと見ていいのでしょうか。

神事 バッターにとっては、いい流れですね。どうすればホームランを打てるかが、理論と理屈でわかったわけですから。日本でも「天性のホームランバッター」と表現されるように、ボールを遠くに飛ばすことは、天賦の才だと思われていました。それが、フライボール革命が提唱されたことで、ホームランを打つための能力を開発できるようになりました。これは、「プレイヤーデベロップメント（Ｐｌａｙｅｒ Ｄｅｖｅｌｏｐｍｅｎｔ）」とも言われています。ＭＬＢでは、それまでセンター中心のバッティングで打率を残していたバッターまでも、ホームランを打つための体力と技術を磨く方向に進んでいます。

——ホームランバッターは人工的に作れる。

神事 そういうことになります。

——この流れは、日本のプロ野球にもきているのでしょうか。

神事 きています。ただ、球団というよりは、個人で取り組んでいるのが現状ですね。

過度な走り込みは筋量低下につながる トレーニングは「強度」と「量」がカギ

——高校野球を見ていても、「フライボール革命」の影響を受けているのか、アッパー軌道でかち上げるバッターが増えたように感じます。高校生がバレルゾーンに打ち込みたいと考えたとき、やるべきことはどんなことでしょうか。

神事 「体力」と「技術」を分けて、考える必要があります。まず体力面に関しては、筋量

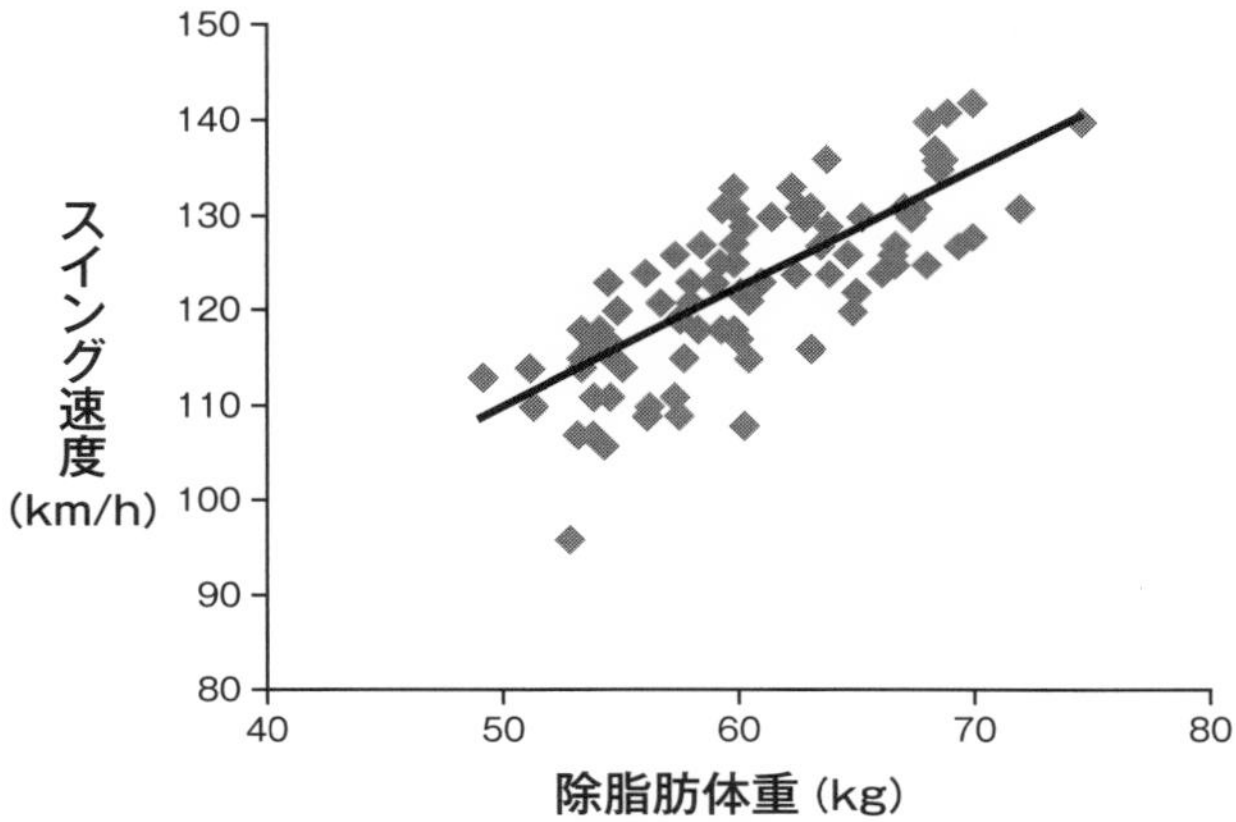

図3 除脂肪体重とバットスイング速度の関係（笠原ら2012）

データ提供：株式会社ネクストベース

を増やして、筋力を高めること。これに尽きます。なぜなら、筋量の目安となる徐脂肪体重と、スイング速度は高い相関関係にあるからです。過去の研究結果によって、すでに明らかにされています（図3）。昨年度、私が勤める國學院大学のゼミ生も卒論で調べていましたが、かなり高い相関関係が示されていました。

――筋力が高ければ高いほど、バットを速く振れる。当たり前といえば当たり前ですが、データでも示されているのですね。

神事 バレルゾーンの最低条件である158キロの打球速度を生み出すには、どのぐらいのスイング速度と徐脂肪体重が必要になるか。相関関係を示した研究結果を基に計算すると、スイング速度約128キロ、徐脂肪体重約65キロという数字が導き出されます。

――高校生にも、実現可能な数字になりますね。高校球児のタッパ飯が、「炭水化物の過剰摂取」と賛否ありますが、体重を増やそうとすることは間違いではないわけですね。

神事 脂肪が増えてから、筋量が増えるという過程があるので、食事で体重を増やそうとするのはもちろん間違っていません。筋肉を作るタンパク質を吸収するにも、糖質が必要になります。ただし、臓器に負担がかかるほどの糖質過多になると問題が出てきます。何事も、〝適正量〟が大事ということです。

――五大栄養素をバランスよく、ですね。筋量を増やして、筋力を高めるために、トレーニングを行ううえで考えるべきことはありますか。

神事 第一に、走り込みに対する意識を変える必要があります。体を大きく強くしていくうえでは、確実にマイナスになります。体脂肪を減らすという意味で長距離を走ることは重要ですが、それにともなって筋量まで落ちていく。長距離ランナーは体重が軽く、体脂肪が低いことが、それを証明しています。

――高校野球を見ていると、走り込みをしているチームほど、体が細いイメージがあります。逆に体重アップを目指すチームほど、走り込みの量を減らしています。

神事　やり投げやハンマー投げなど投擲系の選手は、筋肉が発達して、体ががっちりしていますよね。走り込みをせずに、ウエイトトレーニング中心に体を鍛えている証です。

――「ホームランを打ちたければ、走り込むな！」と言えますか。

神事　そうなりますね。MLBの選手から見ると、「何でそんなに走り込んでいるの？」と不思議に感じるところでしょう。野球選手に大事なのは、高強度の負荷を繰り返しかけていくことです。よく、「練習の質と量のどちらが大事か」と議論になるのですが、トレーニング科学の世界からすると、質を問うことはできません。考えるべきは、「強度」と「量」。強度を高めようと思えば、高重量の負荷をかける必要があります。ただし、そうなると短い時間の運動しかできなくなるわけです。

――長い時間、練習をすると、必然的に強度は落ちていく。

神事　ローパワーの繰り返しでは、筋力は上がっていきません。

――神事先生が高校球児のトレーニングを組むとしたら、どんなことを考えますか。

神事　まずは、その選手の生物学的年齢を見ます。「太いヒゲが生え始めたら、骨端線が閉じていると判断できる」とも言われますが、身長がある程度止まった選手であれば、ウエイトトレーニングに取り組みます。メニューとしては、ベンチプレス、スクワット、デッドリフトのビッグ3で十分でしょう。まだ、身長が伸びている選手の場合は、身体操作性を高めるためにコーディネーショントレーニングなどに重きを置きます。

――トレーニングのひとつとして、メディシンボールやタイヤを投げているチームを目にしますが、飛距離アップにつながるものなのでしょうか。

神事 パワーを発揮するためのトレーニングとして、おすすめです。ホームランバッターの動作を解析していくと、長軸（体の中心から床に向かう軸）に体を回旋する力が強いことがわかっています。相関関係を見ると0・8や0・9となり、メディシンボールを遠くに投げることと、打球の飛距離との関係性は高いと言えます。

ホームランを打つにはアッパー軌道 19度上向きのスイングでとらえる

――「体力」の次は「技術」のポイントについて教えてください。

神事 ボールをどのようにとらえるかが、重要になります。過去の先行研究では、「19度上向きのスイング軌道で、ボールの中心から6ミリ下をとらえると、飛距離が最大化する」（Ｎａｔｈａｎ，２０１５）（図4）と明らかになっています。

――かなり具体的にわかっているのですね。ＭＬＢのトップ選手は、6ミリ下を意識して

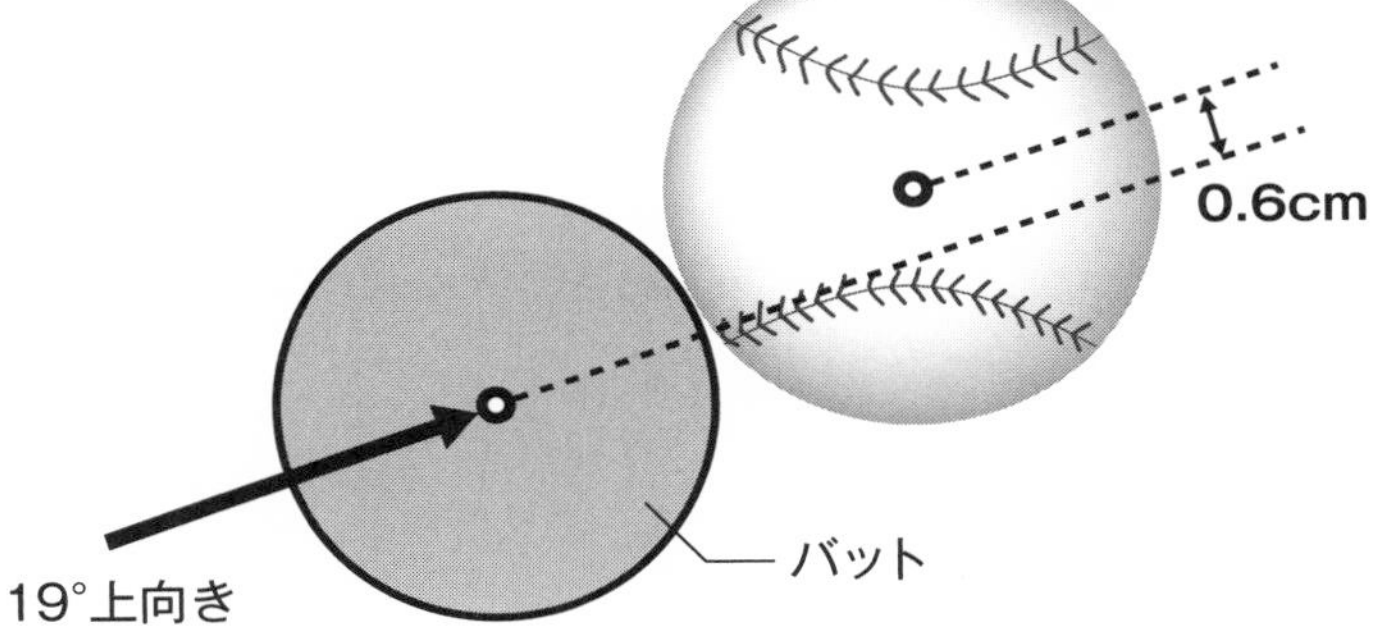

図4 飛距離が最大になるインパクトの条件（Nathan,2015からの再計算）

データ提供：株式会社ネクストベース

打っているのでしょうか。

神事 狙っていないんじゃないですかね。正確に言うと、意識して狙っているかどうかわからないぐらいまで練習を繰り返して、〝自動化されている〟ということです。

――高校生が練習するとしたら、常に角度を意識することでしょうか。

神事 ティーバッティングをするにしても、狙うべき目標に印をつけるなどして、打球に角度を付ける練習をしたほうがいいですね。

――高校生の中には、目の前の集球ネットに入れるのが目的になっている選手がいます。あれでは、ゴロか低いライナーの角度になってしまいますよね。日本のホームランバッターの話を聞いていると、ボールの下にバットを入れて、「意識的にバックスピンをかける」という考えもあるようですが、どう思われますか。

神事　ボールの下を打ちすぎると、打球速度が上がっていきません。なので、あまり意識しないほうがいいと思います。打球速度を最大化させるには、10度前後上向きのスイング軌道で、バットをボールの中心にぶつけること。これによって、スイングのエネルギーをロスなくボールに伝えることができます。しかし、ボールとバットが正面衝突すると、打球に角度がつかずに回転が生じなくなります。

――極端に言えば、無回転のボールになる。

神事　そうなると、上向きの揚力が作用しなくなり、打球速度が上がったとしても飛距離が伸びなくなります。打球速度も打球角度も、両方ともに手に入れるには、「19度上向きのスイング軌道、ボールの中心から6ミリ下」がポイントになってくるわけです。

――高めと低めで、打球速度の違いはあるのでしょうか。

神事　これは結構面白いところで、高めのほうが打球角度は出やすいですが、打球速度は出にくくなります。低めは打球角度が出にくい代わりに、打球速度は出やすくなります。

――「ゴロを打たせるために低めに投げる」という考えは間違ってないんですね。高めに比べると、低めのほうが打球速度が速くなるのはなぜですか？

神事 ヘッドからボールまでの距離が遠くなる分だけ、スイングの際に重力を使えるからです。バットヘッドが加速された局面で、ボールをとらえることができます。高めは、加速させる距離が少ない分、低めに比べると打球速度が出にくくなります。

——一長一短というか、それぞれに特徴があるわけですね。

神事 これが、真ん中になると、打球角度が出るうえに、打球速度も出やすい。当然の話ですが、バッターからすると、一番バットが出やすく、もっともホームランにしやすいコースと言えます。

——バッターは打球角度と打球速度の両方を追い求めていくとは思うのですが、どっちを持っていたほうがホームランを打てる可能性を高いと言えるのでしょうか。

神事 打球速度です。たとえ、今はゴロやライナーだったとしても、スイング軌道を変えていき、打球に角度が出てくれば、スタンドに入る可能性があります。「体力はあるけれど、技術がまだ足りない」と判断できるわけです。

——打ち方に関する技術は、どこまで細かく追求していくものなのでしょうか。

神事 人それぞれです。指導者が細かく教えて、型にはめることによって、本来その選手が持っていた良さが消える例を何度も見てきています。たとえば、後ろの肩がどうしても下がってしまうバッターがいたとして、下がるのを修正しようとした結果、スイング速度が遅くなる可能性もあるわけです。私がアドバイスを送っている選手には、「どういう打球を打ちたいのか」をまず聞きます。そこから、実際に打ったときのデータを使いながら、理想を実現するための打球角度、打球速度の話に入っていく。「スイングデザイン」と言われる指導法で、スイングを作り上げていきます。

――見た目はきれいに振れているように見えても、選手自身の感覚ではしっくりきていないと。

神事　さまざまな機器が安価で手に入る時代になっているわけですから、数字をどんどん測ってほしいと思います。素振りやティーバッティングのときから、スイング速度を計測して、さまざまな打ち方を試してみる。その中で、一番スイング速度が出る振り方を見つけていくやり方でもいいわけです。そのほうが、選手に合った〝最適解〟を見つけやすい。最初に、構え方や打ち方から入っていくと、どうしてもずれが生じてきます。

――表示される数字が、答えを教えてくれているわけですね。

神事　ここ数年、慶応義塾大学の投手陣が「速球派揃い」と評判ですが、林卓史助監督（当時）が測定機器を自費で購入して、ブルペンで投げるすべての球を測り続けていました。実際に投げる球と、回転軸と回転数を照らし合わせていくことで、選手自身が最適解を見つけ出すことができたのだと思います。こういう取り組みは非常に大事だと思いますね。

素振りと実戦のスイング速度を近づける「フライボール革命」=「三振革命」

――走り込みとともに、「高校野球あるある」とも言えるのが素振りです。海外の選手はほとんどやらないと聞きますが、神事先生は素振りの効果をどうとらえていますか。

神事　形を作る、という意味ではいいと思います。ただし、実戦になると、ピッチャーが投げる球をとらえなくてはいけないので、「ボールに合わせる」という要素が生まれます。それによって、スイング速度が落ちていくことを理解しておかなければいけません。

――たまに、高校生のスイング速度が記事になりますが、あれは素振りやスタンドティーを打ったときの数字ですよね。試合となると、どの選手も数字が下がるはずです。

神事　素振り、スタンドティー、ティー、フリーバッティング、試合（実戦）と、徐々にスイング速度は落ちていきます。最初に、「バレルゾーンに入れるには、最低でも128キロのスイング速度が必要」と紹介しましたが、素振りで128キロであれば、実戦では間違いなくこの数字を下回ることになるわけです。

――素振りでの絶対的なスイング速度を、もっと上げていく必要があると。

神事　難しいことではありますが、素振りと実戦での誤差をできるだけ無くしていきたい。その大前提としては、柳田悠岐選手（ソフトバンク）や山川穂高選手（西武）のように、試合の中でもフルスイングすることが求められます。

――そうなると当然、空振りも増えていきます。

神事　そこです。じつは、「フライボール革命」の裏側にあるのが「三振革命」ですから。

――三振革命！　インパクトのある言葉ですね。

神事　ＭＬＢの三振数が、年々増加しています。

（２００８年から12年続けて歴代ワーストを更新中で、２０１９年は４２８２３三振）

――ＭＬＢのバッターを見ていると、２ストライクと追い込まれた状況でも当てにいかず、フルスイングしています。

神事　「内野ゴロでも三振でも、アウトはアウト。ひとつのアウトには変わりはない」。それが、彼らの考えです。追い込まれていても、空振りを恐れずに割り切って振ってきます。

――日本の場合、特にアマチュア野球は「空振りはよくない。バットに当てれば何かが起きる」など、根底にある考え方が違いますね。

神事　フライボール革命を実践するには、「空振りOK」「詰まってもOK」という文化を作る必要があります。「空振りすると怒られる」という状況では、バッターもなかなか振っていけません。「自分のフルスイングの中に、相手のボールがある」という意識を持ってほしいですね。ボールに合わせるのではなく、自分のスイングに合わせていくことです。

――試合での対応力を考えると、「狙い球」をはっきりさせることも関係してきますか。

神事　自分が得意なゾーンはどこか、強く振れるところはどこなのか、自己分析をしておくことが必要です。もちろん、相手ピッチャーの傾向をつかむことも大事になります。じつは、あれだけフルスイングしているように見えるメジャーリーガーでも、「ストライクが増えれば増えるほど、打球速度が落ちている」というデータがあります(表2)。ということは、スイング速度も落ちていると考えるのが自然です。

――それは面白いデータですね。初めて知りました。おそらく、NPBはもっと下がり幅が大きいように思います。

神事　MLBのデータでは、3ボール0ストライク時の打球速度がもっとも速く、一番遅いのが0ボール2ストライク。およそ11キロの違いがあります。

――3ボールはストレート1本で待てるうえに、強振できるカウントですね。でも、高校

カウント	打球速度（km/h）	カウント	打球速度（km/h）
0-0	141.1	2-0	146.7
0-1	139.7	2-1	144.3
0-2	138.6	2-2	141.2
1-0	143.6	3-0	149.4
1-1	141.4	3-1	148.3
1-2	139.5	3-2	144.2

表2 2019年メジャーリーグストライクカウント別の平均打球速度
データ提供：株式会社ネクストベース

生がこのカウントでスイングして、内野フライを打ち上げてしまったら、監督から「何やってんだ」と言われかねません。

神事　これをピッチャー側の視点で考えると、ストライクを取ることがいかに大事かわかってきます。ボール先行になるほど、バッターに強振される確率が上がっていくわけです。

――昔から言われる「ストライク先行」がどれだけ大事か、打球速度の観点からも見えてくるわけですね。ちなみに、球種別の打球速度というデータもあるのでしょうか？　速い球になるほど、反発力が生み出されて、打球速度も上がるように思いますが。

神事　ストレートの打球速度がもっとも速くなります（表3）。ただ、反発力の問題という

球種	空振り (%)	打球速度 (km/h)	打球角度 (°)
速球	18	**144**	17
2シーム	13	143	6
スライダー	34	138	13
チェンジアップ	29	137	9
カーブ	31	139	10
カットボール	23	139	12
スプリット	35	138	6

表3　2018年メジャーリーグにおける球種別打球特性
データ提供:株式会社ネクストベース

よりは、ストレートを狙っている状況が多いからだと推測できます。

MLBとNPBで左打者のデータに違いあり NPBは打球速度、角度ともに落ちる

――高校野球を見ていると、足の速い右投げ左打ちは〝当て逃げ〟があり、内野安打で打率を稼げる一方で、「強く引っ張れない」というも課題あります。プロの世界では右投げ右打ち、右投げ左打ちによってホームラン数に違いあるなど、何らかの傾向はあるのでしょうか。

神事　NPBの左打者に限ると、右打者に比べて、打球速度が遅く、打球角度が低く、流し打ちが多いという数字が出ています。アマチュアのときから、足を生かすための打ち方

が染みついているのではないか……と、推測できます。

——なるほど、学生のときに受けた指導の影響が残っている可能性があるわけですね。

神事　高卒のホームランバッターは、もっと育っていいはずです。松井秀喜さんや筒香嘉智選手らはいますが、セカンドやショートを守る左打ちのスラッガーはなかなか出てきません。

——たしかに言われてみれば、ですね。ポジション特性として、足が速くて、小回りが利く選手がレギュラーになっているのもあるでしょうが。

神事　ＭＬＢの場合は、左打者、右打者を比べても、打球速度、打球角度ともにほぼ変わりはありません。ＭＬＢの多くの左打者は、しっかりとスイングをしてから、一塁に走り出していますよね。

——スイングのあと、ホームベース側に体が倒れるぐらい振っていますよね。

神事　日本人選手にもあれぐらいスイングしてほしいですね。本来、対角で体の中に入ってくるボールのほうが、バットの角度を入れやすく、長打が出やすいものです。左バッターであれば、右ピッチャーのほうが角度を入れやすい。それなのに、右バッターに比べて、打球速度、打球角度ともに低いのは、考えどころではありますね。

――それこそ、バットを短く持って、ミートに徹するバッターもいます。自分の足を生かすための策だとは思いますが、そもそもの疑問としてバットを短く持ったときと、長く持ったときで、どんな違いが生まれるのでしょうか。

神事　バットを短く持つことで、スイング時間（＝トップからボールをとらえるまでの時間）は短くなります。ただし、グリップからバットヘッドまでの回転半径が小さくなるので、スイングスピードは遅くなります。一方で、長く持つとスイング時間は長くなる分、回転半径が大きくなり、スイングスピードは上がります。芯でとらえたときにはボールは飛ぶけれど、スイング時間が長くなるので空振りの確率も上がる、ということです。

――面白いですね。両立はできない。

神事　「トレードオフ」とも言われますが、何かを得るためには、何かを失うということです。

投手側に起きる「ハイボール革命」捕手のスロートガードに投げ込む

――バッターと対峙するピッチャーの話についても教えてください。フライボール革命の流行とともに、ＭＬＢではフォーシームを高めに投じるピッチャーが増えていると聞きましたが、そのとおりでしょうか。

神事　はい、「ハイボール革命」が起きています。高めは低めよりもスイング速度が出にくいとともに、スイング時間が長くなります。スイング軌道を考えても、速球に対してはなかなかアジャストしづらいコースです。

——日本では、藤川球児投手（阪神）が意識的に高めにストレートを投げ込んでいますが、あのイメージでしょうか。

神事　速いストレートを投げられるのであれば、効果は高いと思います。高校生も140キロ近いボールがあるのなら、高めに投げる意味はあるはずです。金足農で甲子園準優勝を果たしたときの吉田輝星投手（日本ハム）は、高めのフォーシームを意図的に使って、三振を奪っていました。低めよりも高めのほうが、空振りが多かったはずです。

——ピッチャーは「低めが生命線」と言われますが、必ずしもそうではないと。

神事　ピッチャーはアウトローのストレートを一番練習すると思いますが、バッターがそこに狙いを絞っていたら、必ずしも安全なボールとは言えないはずです。高めのフォーシームは空振りを取れるボールでもあるので、どんどん練習をしてほしいですね。

——高めのボールゾーンでいいんですか？

神事　ＭＬＢでよく言われているのが、キャッチャーマスクのスロートガードの高さです。

そこにフォーシームを投げ込んでいく。昨年、田中将大投手（ニューヨーク・ヤンキース）も高めのフォーシームの割合が高くなっていました。

――少しでも甘くなったら、持っていかれるリスクはありますね。

神事 それはそうですが、スピードがあれば、バッターにとってはアジャストしづらいのはたしかです。高めをうまく使えれば、低めの変化球がより効果が出てくるはずです。

――高校野球でも「ハイボール革命」が起きたら、面白いですね。

神事 あとは、さきほども少しお話ししましたが、ストライク先行で勝負することです。ストライクが増えれば、打球速度を下げることができる。それだけ、ホームランのリスクを減らすことができます。

――といっても、バッターはファーストストライクを狙いにきていますよね。

神事 そのとおりです。そこで、初球にブレーキングの利いたカーブでストライクを取れると、ピッチャー有利になります。ＭＬＢに関して言えば、ほとんどのバッターがストレートを待っていますから。ファーストストライクから、緩いボールを強振してくることはなかなかありません。球種割合を見ても、カーブは見送り割合が高いボールです。ただし、狙われたら怖い球種でもあります。

――球速が落ちる分だけ、狙われると打たれてしまう。

神事　最近はあえて、カーブを投げないピッチャーも出てきています。カーブは、ピッチトンネルを外れる球種なので、バッターによってはリリースの瞬間に「カーブがくる」とわかる。そこにリスクを感じるピッチャーは、ピッチトンネルを組み立てられる球種を磨くようになっています。

能力の限界に挑戦するフライボール革命
少年野球では「ホームランゾーン」を作る

――ここまで、「フライボール革命」の導入によって起きた、バッター側とピッチャー側の変化についてお話していただきました。ＭＬＢではホームランが増える一方で、三振数が増える流れに対して、「大雑把な野球になった」という声も聞こえてきます。これが、〝ベースボールの醍醐味だ〟とも考えられますが、神事先生はどんな考えですか。

神事　人それぞれの価値観があっていいと思います。ホームランが増えて、三振も増えたことで、野球のゲーム性としてのおもしろさが失われたと感じる人もいるでしょう。私自身は、「ボールを遠くに飛ばす」「速い球を投げる」ことは、人間の能力をどこまで高められるか、動物的な本能につながることだと思っています。エンターテイメントのひとつとして、非常に面白く、魅力的なことです。100メートル走で人間がどれだけ速く走れるかと似た要素があると思うのです。

——これが、高校野球になると、チームで勝つための戦術がどうしても入ってきますね。

神事 フライボール革命を突き詰めていくと、「高校野球とは何か?」というテーマにまで及ぶと考えています。つまり、勝つために進塁打を練習したり、バットを短く持って当てにいったりすることが、日本の野球界全体を見たときにはたしてどうなのか……。

——もっと、個を育成する方向に進んでもいいとも考えられますね。選手個人としては、どんなことを考えたらいいのでしょうか。

神事 自分が将来的にどういうバッターになりたいのか、そしてどこにピークを持っていくのかを考えることです。ホームランを打ちたいと思うのなら、今のうちからトレーニングをして、体を作ることが必要になってきます。

——ホームラン性の打球角度を打てていても、筋力が弱くて、外野フライに終わっていることもある。

神事 そういうことです。今、体ができていないから結果が出ていないのか、あるいは技術面に課題があるのか。そこを見極める必要があります。じつは、この研究をうちの学生が卒論でやったのですが、興味深い結果が出ました。対象は、中学生約70名。筋量が多いにも関わらずスイング速度が遅い選手は、エネルギー伝達系のトレーニングを組むなど、個別のメニューによって成果が上がっていきました。

――本来は、ひとりひとりに合ったメニューがあるべきですね。「フライボール革命」の取り組みは、小学生からやっても意味があると思いますか。

神事　十分意味のあることです。やはり、ホームランを打つ喜びや面白さは、何事にも代えられないものですから。小学生や中学生であれば、簡易フェンスを作ってほしいですね。レベルに合わせてフェンスまでの距離を変えることによって、オーバーフェンスの喜びを味わうことができます。

――本当にそう思います。ランニングホームランより嬉しいですよね。

神事　大学で女子生徒にソフトボールを教えているんですが、「ホームランゾーン」を作ると、めちゃくちゃ盛り上がります。頑張れば打てる距離に設定すると、みんなが狙い始めて、どうやって打てばいいのか考えるようになります。

――子どもたちがお手本になるような日本人の選手は誰になりますか。

神事　ホームランバッターであれば、みんなが手本になりますが、特に柳田選手の取り組みは参考になると思います。フルスイングするために体を作ることから始まって、年々成長を遂げていきます。空振りを恐れずにフルスイングする姿勢は、ぜひとも学んでほしいですね。

國學院大学 人間科学部 准教授　神事努

明豊

川崎絢平 監督

「甲子園で勝つために 打ち勝つ野球を体現」

かわさき・じゅんぺい
1981年生まれ、和歌山県出身。智辯和歌山では3年連続で夏の甲子園に出場し、1年夏には優勝、3年夏にはベスト4。大学卒業後は立命館大学、箕島球友会でプレー。母校・智辯和歌山のコーチを経て2012年秋に明豊高校の監督に就任。今春センバツも含めて、同校を4度、甲子園に導いている。

体作りの上に技術がある 若き指揮官が目指す理想の打撃

2010年に興南（沖縄）が優勝して以来、夏の日本一から遠ざかる九州勢。その中で、今もっとも勢いがあり、日本一に近い位置にいるのが明豊だ。今年38歳になる智辯和歌山出身・川崎絢平監督の指導のもと、甲子園でも打ち勝てる強打線を作り上げている。

川崎絢平の「打撃メソッド」とは？

一

体を作り、振る力を養う

振る力＝パワーを付けるためには、体の強さが必要。食事、トレーニングで鍛え、体重の目標値を身長－体重が100以下になるように設定する。もちろん、過度な食事は厳禁だが、必要最低限のパワー、体があって、その上に技術が乗ってくる。

二

7種類のティーメニューで「飽きさせず」に「本数を打たせる」

スクワットティー、逆手ティー、真横ティー、高めティー、低めティー、バスターティー、斜め（通常）ティーの7種を駆使して、計500球になるようにメニューを組む。ただ打つだけでは惰性になってしまい、練習の効果が薄れるため、違うメニューをリズムよくこなすことで選手に飽きさせず、なおかつ数をこなせる工夫をしている。

三

飛ばすためには「体重移動」が必須

基本的には「軸足」を意識した指導を行うが、軸足に体重が残りすぎると打球は飛ばない。そういう場合は「もっと前に体重をかけるように」と指導する。軸足に意識を置いた状態から前に乗って行くのは、そこまで難しくない。逆に、前足の意識が強い場合、そこから軸足を意識させるのは難しい。

四

力を生むのは下半身

上半身を過度に捻ったり、揺らして打つと、ボールになる変化球に手が出てしまいがち。反動や力を生み出すのはあくまでも下半身。上半身は無駄な動きを極力省き、ボールをとらえる動作に集中する。

五

「ゴロを打て」とは言わない

恩師・高嶋仁（前智辯和歌山監督）の教えでもある「空中からきたボールは、空中に返せ」を徹底。必要な場面を除いて「ゴロを打て」という指導は行わない。たとえ低めであっても、打球に角度を付けることを意識する。

甲子園で味わった屈辱の敗戦
打てなければ勝てない甲子園

川崎絢平監督は智辯和歌山、立命館大、箕島球友会でプレーしたのち、母校・智辯和歌山のコーチを2年半務め、2012年春から明豊の部長に就任。同年夏の新チームから監督として指揮を執り、今春センバツを含めて春夏4度、甲子園に出場している。

2017年夏には主砲・濱田太貴（ヤクルト）を擁して、ベスト8入り。準々決勝の9回裏に一挙6得点で追い上げるなど、3試合で25得点を叩きだした。2019年春センバツでは、初戦で横浜・及川雅貴（阪神）を打ち崩すなどベスト4に勝ち進んだ。そして、昨秋の県大会では5試合で68得点、九州大会の初戦では4回終了時4対10の劣勢から、打線の力でひっくり返し、20対14とラグビーのようなスコアで逆転勝ちを収めた。

とにかくよく打つ。「強打の明豊」が、ここ数年であっという間に定着した。

しかし、就任当初から打撃に特徴があったわけではない。ひとつの転機となったのが、監督として初めて出場した2015年夏の甲子園での大敗だった。

初戦の相手は、準優勝を果たした仙台育英。1回表に平沢大河（ロッテ）にホームランを浴びるなど6安打5失点。最終的には20安打（うち長打10本）と打ち込まれ、1対15の大敗を喫した。

「あの試合は第4試合で、西日が差していました。一塁側ベンチから見ると、光の関係もあって、3回ぐらいまで打った瞬間が見えなかったんです。特に仙台育英の打球は、初速が速くて目で追えなかった。『カン！』と当たったあと、『どこにいったんやろう？』と見ると、うちの外野が背走している。その繰り返しでした。バットに当たってからボールが飛んでいくスピードが、うちと仙台育英では全然違う。平沢くんには、バックスクリーンの横に放り込まれたんですけど、体の内側からバットが出て、スライス気味にスタンドに入っていく打球でした。すごいなと素直に思いましたね。甲子園では打てなければ勝てないとはわかっていたんですけど、それを思い知らされた。頭をガンと叩かれた感じで、現実を突きつけられました」

あのときの悔しさは、今も胸に刻まれている。

「これは今も思っていることですが、守れないと甲子園には行けない。でも、甲子園では打てないと勝てない。結局、両方いるということです」

敗戦後、チーム作りをガラリと変えた。学校にお願いして、寮の前にトレーニンググルームを作ってもらい、トレーナーを雇った。食事にも力を入れて、体重アップ、筋力アップに時間を注いだ。

「まずは体を作って、振る力を養う。パワーを付けていくためには、体の強さが絶対的に必要になります。体重の目標値は、身長－体重が100以下になること。ただし、やみくもに食べさせることはしていません。『甲子園で打つためには振る力がいる。そのためには体の力がいる。食べないと体重は増えないよ』と言ったうえで、やるかやらないかは自分で決めること。ぼくの大前提として、選手の心の中には『うまくなりたい』『甲子園に出たい』という意欲があるものだと思って、話しています。すべてにおいて、強制的にやらせることはありません」

取材当日も、紅白戦とバッティング練習を静かに見守っていた。

技術がなければ打つことはできない 専修大をヒントにしたティーメニュー

「体作りの上に、技術が乗ってきます。ぼくの考えとして、バッティングは技術職だと思っています。どれだけ体を作ったとしても、最終的には技術がなければ勝負ができません」

技術を磨くために取り入れたのが、7種類のティーバッティング。専修大の齋藤正直監督が実践しているメニューを参考にしたという。川崎監督が意識したのは「本数を打たせたい」「飽きがこないようにしたい」ということだ。ただ打っているだけでは、本数をこなすだけになるので、練習の効果が薄れてしまう。

メニューは、スクワットティー、逆手ティー、真横ティー、高めティー、低めティー、バスターティー、斜め（通常）ティーの7種。低めティー以外は、「10球1セット」で、連続ティーのリズムで投げる。ほかに「真後ろティー」「逆打ちティー」があるが、集中して行わなければ危険性があることと、打球があちこちに散らばる可能性もあるため、個別の矯正メニューとして位置づけている。

「7種類すべてやると500球の設定で、本数を組んでいます。1日練習の場合は、朝と夕方にやって、計1000球。練習時間が短いときは、半分の250球にすることもあります。バットという道具を扱う競技だけに、数を打って、自分なりの感覚を養うことは非常に大事。数を打たなければ、身に付かないことがあると思っています」

どのような狙いで、それぞれのメニューに取り組んでいるのか。川崎監督のバッティング理論とともに紹介していきたい。

1. 打撃も守備も軸足が命
⬇軸足の内側でボールを待つ

「智辯和歌山出身」と聞くだけで、「強打者」のイメージが浮かぶが、川崎監督の立ち位置はショートの守備職人だった。夏の甲子園には3年連続で出場。1年夏は控えショートで全国制覇を経験すると、同年秋からレギュラーとなり、2年夏（ベスト8）は七番打者で12打数5安打、3年夏（ベスト）は八番打者で11打数3安打。2年生になってから、林守部長（現・京都文教大）のアドバイスもあって、左打ちに挑戦し、スイッチヒッターになった。

「バッティングが苦手で、守りで使ってもらっていました。なかなか打てないので、自分なりにいろいろ試行錯誤していたのですが、右でも左でも意識していたのがピッチャー寄りの足。前側の壁をどうするか、開かないためには何をすればいいのか、そんなことを考えながら練習していました」

自分が打てなかったからこそ、指導者になってからも勉強した。今は、現役時代とはまったく逆の考え方で指導している。

「反面教師ですね。重きを置いているのは軸足のほうで、軸足の使い方ばかり話しています。具体的に言うと、軸足の太ももの内側と股関節を意識すること。太ももの内側でボールを待ち、ボールを受ける。太ももに体重を感じて、『さぁ、いらっしゃい。いつでも打てますよ』という状態でボールを待てるか（写真P151＝軸足太もも）。ここを大事にしています」

右バッターなら右足、左バッターなら左足。この軸足がグラグラと不安定な状態では、自分の間合いでボールを待つことができない。

「『軸足の太ももを意識』と言い続けているので、軸足のつまさきが外に少しずつ開いていく選手がいます。このほうが、意識がしやすい。軸足に乗る感覚を得るまでは、それでいいと思っています。ただ、このままだと体が回りにくくなるので、試合が近づいてきたところで『意識はそのままでいいので、もうちょっとスクエアにしたほうがいいぞ』と声をかけています」

大会中、不調に陥る選手の原因を紐解くと、軸足に体重を乗せることができず、頭がピッチャー寄りに突っ込んでいくことが多いという。その場合には、極端なオープンスタンスで構え、ノーステップで打つ練習を繰り返す。

「オープンスタンスにすると、軸足に乗りやすくなります（写真P152＝オープンスタンス）。この状態から、打ちやすいボールに設定したマシンを打ち込んでいきます」

調子が落ちたときこそ、「軸足の内側を意識する」という原点に戻る。

「間違った動きとして多いのが、軸足のヒザに乗ってしまうことです。ヒザが前に出ることによって、ヒザが滑り、横回転の要素が強くなる。これでは、下半身の力が抜けてしまい、強いスイングができない。体も開きやすくなり、バットが遠回りするドアスイングになりがちです。太ももに体重を感じるために、トレーニングの中でスクワットをやったり、レッグランジをやったり、股関節にはまる感覚を養っています」

軸足を重視する考えは、内野手のゴロ捕球にもつながる。1年夏から智辯和歌山のショートを守り続けた川崎監督、現役時代は守備に絶対の自信を持っていた。

「軸となる右足で、打球をうかがい、探る。右足で調整します。左足に体重が移ってしまったら、もう調整が利かず、打球に対応することができません。バッティングも一緒で、軸足に乗っているから、ボールを呼び込むことができ、緩急に対応できるわけです。また、何気なくキャッチボールをしているときでも、軸足で待って、捕ると同時に軸足を踏んで握り替える。このクセをつけるようにしています」

打つも守るも、技術を高めていくには、軸足の使い方がカギを握る。

軸足太もも

軸足（後ろ足）の太ももの内側で体重を感じる。太ももの内側でボールを待ち、ボールを受けるイメージが重要

オープンスタンス

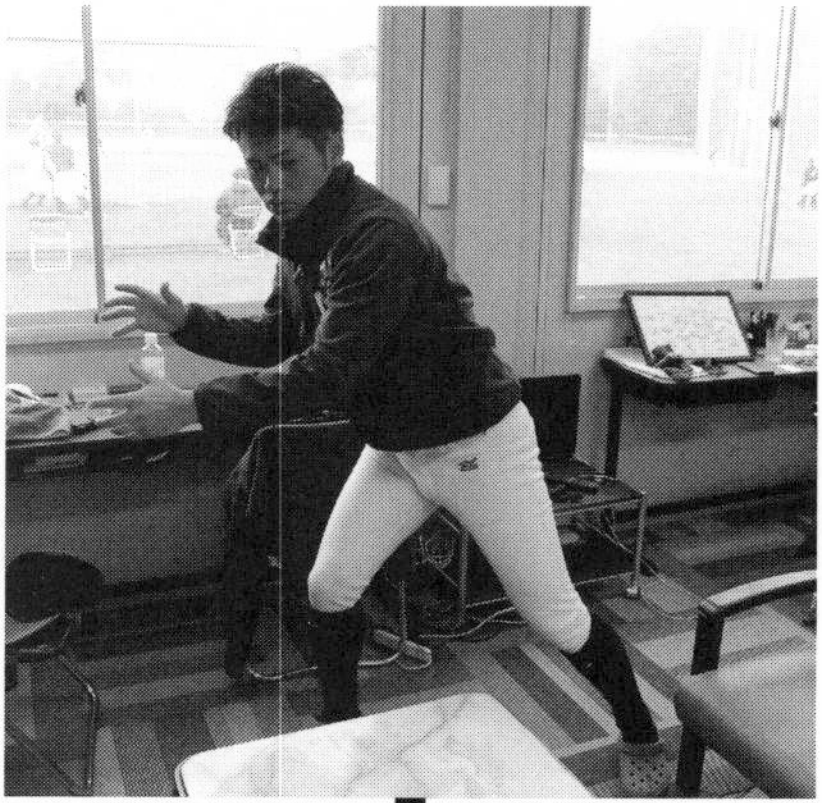

オープンスタンスにすることで軸足に体重が乗りやすくなる。この状態から打ちやすいボールに設定したマシンを打ち込むことで、より軸足を意識することができる

ティードリル①スクワットティー（写真P155）
下半身主導で打つ感覚を磨く

軸足に体重を感じるための練習が、スクワットティーだ。しゃがんだ状態から立ち上がり、軸足着地、前足踏み込みのリズムでスイングする。両足を一緒に着地させないことがポイントになる。

「右バッターであれば、右で立って、左でステップする。高校生に『下半身を使って打て』と言ってもなかなかわかりませんが、スクワットティーをすることで、下半身の動きで打つ意識を持ちやすくなります」

下半身のトレーニングも兼ねていて、ハムストリングや大臀筋を中心とした体の裏側を鍛える。

ティードリル②真後ろティー（写真P156）
体が突っ込むことを防ぐ

バッターの真後ろ（セカンド方向）から投げ入れたトスを、センター方向に返す。軸足に体重を乗せきれず、早めに前足に体重が移る選手への矯正法として使われている。

「後ろからくるボールを打とうと思えば、自然に軸足に体重を乗せて、ボールを待つようになります。最後までボールを見ようとするので、インパクトのところに顔が残る。すぐに打球を見ようとして、顔が上がる選手の矯正メニューにも使っています」

2.飛ばすためには体重移動が必要 ➡後ろ残りになるのは想定内

軸足への意識が高くなりすぎると、「体重移動が小さくなる」という副作用が起きることがある。軸足に体重を残したまま、回転しようとするため、かかとがキャッチャー側に回転し、前足に体重が乗ってこない。

それでも、川崎監督からすれば〝想定内〟とのこと。しっかりと修正方法を持っている。

「『遠くに飛ばしたいんやから、もっと前に体重かけてみぃ』と言えば、前に乗るようになります。あるいは、『打ったら、後ろ足を上げて』とアドバイスをすることもあります。大会の2週間ぐらい前にこの話をして、修正をかけていきます。これまでの指導の経験上、前に乗っていくのはそんなに難しいことではない。逆に、前足に意識を置いていた選手に対して、『軸足に意識を置いて』と言っても、対応するのが難しい。だからこそ、日ごろの練習では、軸足を意識させたほうがいいと感じます」

トレーニングとして行っているのが、メディシンボール投げだ。バッターと同じ半身の

スクワットティー 動

しゃがんだ状態から立ち上がり→軸足着地→前足踏み込みのリズムでスイングする。両足を一緒に着地させないことがポイント

真後ろティー

動

バッターの真後ろから投げ入れたトスを、センター方向に返す。軸足に体重を乗せきれず、早めに前足に体重が移る選手への矯正法として有効

姿勢から、両足をガニ股にして構え、センター方向に強く遠くに飛ばす。

「ガニ股にすることで、太ももの内側を意識しやすい。そこから、軸足にためたエネルギーを、前足に乗せて、遠くに投げる。前足への体重移動がなければ、力を発揮することはできません。バットとメディシンボールでは手の位置が違いますが、メディシンを投げるぐらいのイメージでスイングしてほしいですね」

メジャーリーガーの長距離砲を見ていると、後ろに体重を残したまま打っているように錯覚することがあるが、前足に乗る局面が必ずあり、その瞬間の後ろ足はつまさき立ちになっている。ボールを飛ばすためには、体重移動が必須となる。

3.上半身は揺すらない ➡反動や力を生むのは下半身

2019年春のセンバツを見ていて、感じたことがある。明豊の各打者は、トップに入るまでの動きが非常に静かで、ヒッチや上半身を過度に捻る動きが少ない。今回の取材で、川崎監督に確認したいポイントのひとつだった。

「上半身は揺すったり、捻ったりせずに、トップでは柔らかく待っておく。余計な動作は入れない。それが、静かな動きに見えたのかもしれません」

構えの段階で肩甲骨が開いた状態を作り、体の前にグリップを置いておく。写真P160（肩甲骨の使い方）が、川崎監督による手本となる。肩甲骨を前に出しておけば、背中側にグリップを引く動作を防ぐことができる。

「上を揺すって反動を付けて打つ選手は、ボールになる変化球にどうしても手が出てしまう。前足を踏み込んだ動きに釣られて、グリップが前に出て、『あ、ボールだ』と思っても、反動を付けているのでバットが止まらない。『反動や力を生み出すのは、下半身の役目で、上半身はボールをとらえる動作をするだけでいい』と言っています」

4. ボールの内側をとらえる
➡はじめはヘッドが下がって構わない

「インサイドアウトで、ボールの内側をとらえる」

バッティング指導でよく耳にする言葉であるが、川崎監督も同じ考えを持っている。ただ、そこに至るまでの過程に川崎監督の色が見える。

「順序として、『はじめはヘッドが下がってもいいから、体の内側からバットを出すように』と指導しています。ドアスイングの子を修正するときに、『ヘッドを立てた状態で、内側から出す』というのは難易度が高い。2つのことを同時にはできないので、まずは内側から出す。そのために、後ろヒジをヘソに入れなければいけない。このとき、ヘッドを下げたほうが、ヒジを入れやすくなります」

後ろ肩が少々下がるが、第一段階はこれでオッケー。内側からバットが出るようになってから、修正をかけていく。

「ヘッドを立てるために『上から叩け』と言うと、後ろの肩が早くピッチャー側に出て、それに釣られて前肩まで開いてしまう選手が多い。手首の角度を変えることで、修正していきます。手首を少し立てた状態で、ボールの下に入れていくイメージです」（写真P161＝手首の角度）

特に、公式戦前にこのアドバイスが効くという。

「内側からバットを出して、ボールの軌道に入れようと思うと、だんだんとヘッドが下がってきます。球が遅ければこれでも対応できるが、スピードが出てくると、とらえきれなくなる。そのときには、『手首の角度を立てて』とアドバイスします。実際、今のレギュラーにもこういう選手がいるんですが、ぼくの中では『試合前に、手首の話をすれば大丈夫』という安心感があります」

何か、よくない動きが出たときに、どんなアドバイスを送るか。川崎監督の頭の中には、

肩甲骨の使い方

構えの段階で肩甲骨が開いた状態を作り、体の前にグリップを置いておく。肩甲骨を前に出しておけば、背中側にグリップを引く動作を防ぐことができる

手首の角度

手首が寝る ✕

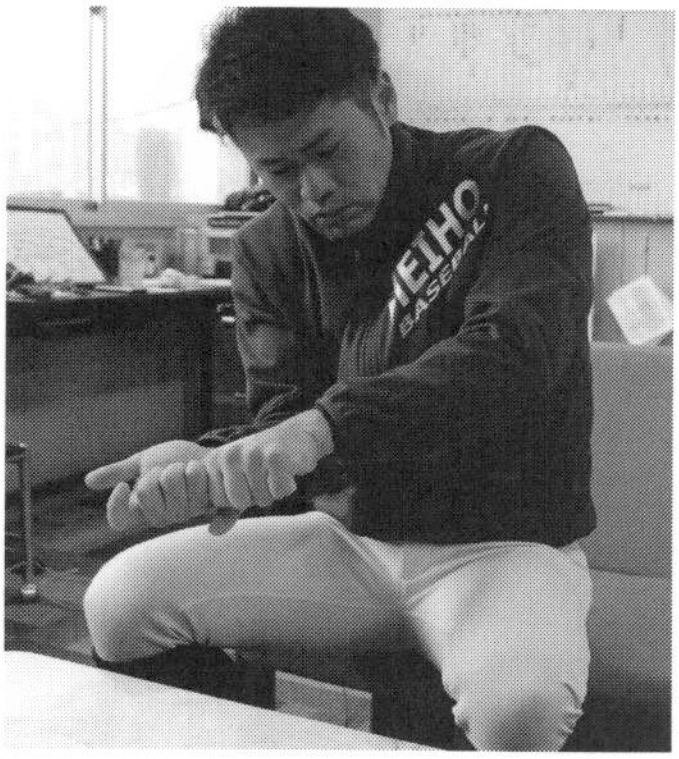

手首が立つ ○

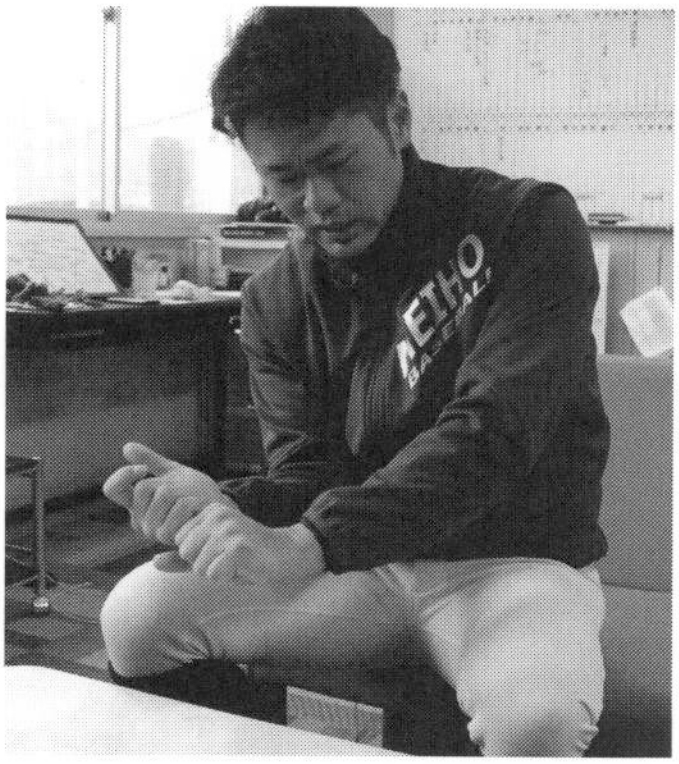

「上から叩け」と言うと前の肩まで開いてしまう選手が多いので、
「手首を少し立てて」とアドバイスすることで修正する

ひとりひとりに適した修正法がインプットされている。

ティードリル③真横ティー（写真P164）
ボールの内側にバットを入れる

投げ手とバッターが正対し、体の正面（ヘソ）にトス。右バッターであれば、右中間方向に打ち返す。

「後ろのヒジが締まり、ボールの内側にバットが入ってこないと、真っすぐ飛ばすことはできない。それとともに、『手が出るから、腰が回る』という打ち方も身に付けてほしい。体を回そうと思いすぎて、バットが出てこない選手が多くいます」

必然的に、体の開きが早くなり、ドアスイングの軌道になってしまう。

ティードリル④逆手ティー（写真P164）
ヘッドの返りを身に付ける

逆手グリップ（右バッターは右手を下、左手を上）でのティーバッティング。

「逆手で振ることによって、ヒジが内側に締まってきて、本来打つべきポイントで、自然にヘッドが返るようになります」

通常のグリップで、腕やヒジの使い方にどうしてもクセが出る選手は、逆手グリップで修正をかけていく。

ティードリル⑤逆ティー（写真P167）
バットを内側から出し逆方向へ

右バッターであれば、ショート方向から投げられたトスを、センター方向に打ち返す。通常のティーバッティングとは、逆の角度からトスが入ることになる。

「軸足に力をためて、バットを内側から出さなければ、逆方向に打つことはできません。ある程度、レベルが上がってからのメニューになります」

ピッチャー方向に体が突っ込むと、ボールを体の近くまで引き寄せることができず、引っ張りの打球になる。軸足でボールを呼び込み、バットを体の近くから出す技術が求められる。

5. 空中からくるボールは空中に返す
➡「ゴロを打て」とは言わない

昨今話題の「フライボール革命」（P113参照）。甲子園での明豊のバッティングを見ていると、ゴロを打とうとする意識がほとんどないように感じる。その話を振ると、恩師・高嶋仁監督（当時）からの教えを語り出した。

「これは、高嶋先生の教えなんですけど、『空中からきたボールは、空中に返せ。空中から

真横ティー

投げ手とバッターが正対し、体の正面（ヘソ）にトス。右バッターであれば、右中間方向に打ち返す

逆手ティー

逆手グリップ（右バッターは右手を下、左手を上）でのティーバッティング。通常のグリップで、腕やヒジの使い方にどうしてもクセが出る選手は、逆手グリップで修正する

くるボールを、下に返すのはおかしいやろ』と」

なるほど！　この考え方は初めて聞いた。

「よく『球に逆らわずに打ちなさい』と言われますけど、空中からくるのを空中に打ち返すのも逆らわないバッティングですよね。ゴロを打とうとするほうが、不自然です。だから、ゴロが必要な場面でのエンドランを除いて、『ゴロを打て』と言ったことはありません。『上から叩け！』と言ったこともないですね。そもそも、自チームのピッチャーには低めに投げて、ゴロを打たせるように伝えているのに、自分たちでわざわざゴロを打ちにいくのはおかしいですよね」

納得の考え方である。特にランナー一塁の場面でゴロを打つと、バッテリーの術中にはまり、併殺網に引っかかってしまう。

ティードリル⑥低めティー（写真P167）
低めでも打球に角度を付ける

前足を踏み込んだ姿勢から、体重移動を使って、低めのボール球を拾う。

「低めであっても、打球に角度を付けるための練習です。手首が寝てしまうとゴロになるので、手首を立てて、ボールの下に入れていきます」

このメニューに限らずだが、ティーバッティングで打ち込む打球のほとんどが、ネットの上部に当たっていた。おおよそ25度ぐらいの角度だろうか。川崎監督に聞くと、「上に上がっていいから」と言っているそうだ。日ごろのティーから、打球に角度を付けることによって、試合での長打につながっていく。

ティードリル⑦高めティー（写真P168）「上から叩く」の指導は厳禁

今度は高めのティー。ここでも打球に角度を付けることがポイントになる。

「高めを『上から叩け』と言うと、後ろの肩が早く前に出てきて、バットのヘッドが走らなくなってしまいます。振るときも、上半身であおろうとしないこと。イメージとしては、体を止めて、手を先に出す。手首を立てることを意識していれば、自然に角度が付くようになります」

高めは、目の近くにくる分、ボールとの距離感が難しい。ボールを見ようとするほど、ボールとの距離が詰まってしまい、差されてしまう。日々のティーバッティングで、適切な距離感を磨いていく。

逆ティー

右バッターであれば、ショート方向から投げられたトスを、センター方向に打ち返す。
通常のティーバッティングとは、逆の角度からトスが入ることになる

低めティー

前足を踏み込んだ姿勢から、体重移動を使って、低めのボール球を拾う。打球のターゲットはネットの上部。日ごろのティーから、打球に角度を付けることを意識する

高めティー

動

高めのボールも、「上から叩く」のではなく打球に角度を付けることがポイント。
手首を立てる意識で振り抜く

6. 好投手を打つために練習する
➡一流を打ってこそホンモノ

高嶋監督から受けた影響は、今も川崎監督の胸に強く残っている。特に残るのが、バッティングに対する考え方だ。

「高嶋先生がよくおっしゃっていたのが、『甲子園でええピッチャーを打つために、毎日練習してんやろう。ええピッチャーから打てて、なんぼや』。そのとおりだと思いますね」

好投手と対戦するのが楽しみにならなければ、甲子園では勝てない。「よっしゃ、おれたちの力を試してやろう！」とポジティブに向かっていけたら、気後れすることなく、打席に入ることができるはずだ。

高校野球はこの春の大会から、「1週間500球以内」の投球数制限がかかる。多くの指導者に、「もし、相手のエースが450球で登板して、残り50球で交代とわかっている場合、待球作戦を取りますか？」と聞いている。「勝つために戦っている。二枚目の力が落ちるのなら、ウエイティングのサインを使う」という答えが多いのだが、川崎監督はまったく違う言葉を語った。

「うちはしません。球数を投げさせようとして、甘い球を見逃してしまうかもしれないし、二番手を打てる保証なんてどこにもない。それで負けたら、悔いが残る。高嶋先生の教えのとおり、いいピッチャーを打つために練習しています」

2年前、智辯和歌山と練習試合をした際、3ボール0ストライクから甘い球を簡単に見逃した主軸に対して、ベンチの高嶋監督が厳しい声を飛ばしていたという。これが、高嶋監督の野球であり、川崎監督にも引き継がれている。

7. 長い・重いバットは指定選手のみ
➡負荷がかかることでの弊害もある

シーズン通して、バッティング練習は木製バットで取り組む。金属に持ち替えるのは、公式戦の前ぐらいだ。

「試合では、多くの選手が900グラム83センチの金属バットを使っています。木製の900グラムと比べると、トップバランスであってもバットのヘッドが軽くて、真ん中にボコッと重さがあるように感じます。上で野球をやることを考えたら、早くから木製のバランスに慣れて、ヘッドの重みを使って、飛ばす打ち方を覚えてほしい」

1キロ近い重たいバットを振るチームもあるが、明豊では特定の選手だけに限る。

「力がない選手は、重たいバットを振ることによって、スイングが崩れていきます。それこそ、上半身の反動を使って打とうとする。その癖が付いてしまうので、やらせていません。うちでは、900グラムがしっかりと振れるようになった選手で、特に体が大きくて飛ばせる選手にだけ、重たいバットや長いバットを使わせています。ヤクルトに入った濱田は1キロ、87センチの木製バットで練習していました」

現チームでは、主砲の狭間大暉が1キロ、87センチの長くて重たい木製バットを使用している。「スラッガーとしての資質が認められた」と言ってもいいだろう。

8. 右投げ右打ちの重要性
➡好左腕への対策方法

何となくではあるが、前述した濱田や狭間のように、近年の明豊は右の強打者が育っているイメージがある。現チームに関しては、ピッチャーを除くと、一番・中村洸斗、三番・布施心海、四番・狭間、五番・小川聖太、七番・居谷匠真と、主要な打順に右バッターが並ぶ。意識しているところはあるのだろうか。

「リクルートの時点で、右投右打を重視しています。今はどこの学校にも、いい左ピッチャーがいます。一塁に走る競技であることを考えると、左バッターは外の逃げる球に対して、どうしても走り打ちになりやすい。じつは昨年のチームは、練習試合を含めて、左ピッチャーからあまり点が取れなかったんです。センバツでは龍谷大平安の野澤（秀伍）投手、習志野の山内（翔太）投手に抑えられて、夏の大分大会では大分商の左にやられました。毎回のようにランナーが出たんですけど、17残塁で3点。主力の左打者が、左腕を苦手にしていたのが影響しました」

今年のチームは、そこまで左腕に対する苦手意識はないという。そもそも、右バッターが多いことに加えて、左バッターにも「対左」の攻略法を伝えてきた。

「軸足に体重を乗せてボールを待って、しっかりとフルスイングする。外の球を踏み込んで、ライト方向に強く引っ張るぐらいの気持ちでいく。振り終わったあと、ホームベースに倒れるぐらい振っていい。左対左でインコースにきちっと投げられるピッチャーは少ないですから。逆方向を意識しすぎて、本来の良さを失っていたところがありました」

右投げ左打ちは、右手が器用な分、どうしても当てにいく傾向がある。ときに、巧みなバットコントロールでヒットにすることもあるが、長打は生まれにくい。そんなときこそ、「強く振る」「自分のスイングをする」というバッターとしての基本に改めて立ち返る。

逆に、ピッチャー視点からすると、強く振られないための策を考えなければいけない。

「アウトコース一辺倒では、今の高校生の力を考えると打たれてしまいます。どれだけ、インコースを突けるか。しっかりと投げ切れれば、ファウルになりますから。そこでカウントを稼いで、あとはボールになる変化球で勝負をする。インコースを攻められないと、変化球も生きてきません」

ホームベースをどれだけ広く使えるかが、カギを握る。

9. 素振りでイメージ力を養う
⬇イメージがなければ結果は出ない

川崎監督は、ティーバッティングと同様に、素振りも大事にしている。最近は、「実打が大事。素振りは自主練習でやるもの」と話す監督が多いだけに、意外な感じがした。

「シーズンに入れば入るほど、素振りが多くなります。コースや軌道、打球の方向をイメージして10スイング。それを30セット(30種類)で300スイングやっています」

たとえば、「右対右で外のスライダーを左中間に打つ」とイメージしたら、それだけを10スイング。より具体的なイメージを頭に描いて、素振りをする。

「試合で結果を残すためには、〝イメージする力〟が絶対に必要になります。どれだけ、相手のボールをイメージできるか。高校生は、ここが課題。ストレートという球種ひとつとっても、相手によって軌道やスピード、回転の質はまったく違うわけです。変化球も同じで、どれぐらい曲がるかのイメージを持っているからこそ、ボール球を見逃すことができるわけです」

試合直後、ストレートに強い一番打者が、甘いストレートをバックネット裏にファウルしたとする。タイミングは合っていたのに、ボールの下にバットが入った。ほかの選手は、「あいつがああいうファウルを打つのは珍しい。相手のストレートは見た目以上にキレているのかな?」とイメージを湧かせる。自分の打席で何を感じるかももちろん大事だが、仲間の打席でも情報を得ることはできる。

「投球数制限が入ることで、これからどのチームも継投が増えてくると思います。もしかしたら、打席ごとに違うピッチャーと対戦することが出てくるかもしれません。そのときに、自分の打席だけで感じようとしていたら間に合わなくなる。チームメイトがどんな打ち方、どんな崩され方をしているのか、見ておくことが大切になります。イメージすることも、ひとつの技術だと思っています」

日ごろの素振りを見ていても、イメージ力の差は歴然としているという。外から見たときに、狙っているコースや球種、打球方向がはっきりとわかるぐらいになるのが理想だ。

10・実戦形式では「新球」で勝負する ➡公式戦と同じ球のキレを体感

取材当日はフリーバッティングのあとに、実際のピッチャーとの「対戦形式」のバッティングが組まれていた。

「対戦形式のときは、試合で使う新球を投げます。紅白戦でも新球。お金がかかることですけど、新球と普通のボールでは球の回転が違う。当然、新球のほうが伸びてきます。可能な限り、『公式戦と同じ条件でやったほうが、バッターの練習になります』

バッターからしても、芯でとらえたときは新球のほうが飛んでいくため、余計な力を入れることなく、バットを振ることができる。

川崎監督の話から思い出したのが、前作『野球技術の極意』でインタビューした山川穂高（西武）の話だ。ロングティーについて、「できるだけ、きれいなボールでやってほしい」と語っていた。

山川 できることなら、ロングティーでもきれいなボールを使って、打ってほしいですね。高校生の場合は、難しいとは思いますけど。ボールによって、打球の飛距離は20メートルも30メートルも変わっていきます。それぐらいボールは重要。たとえば、ロングティーで、テープを巻いたようなティーボールを使うと、打球が飛びません。飛ばないから、余計な力みが生まれて、スイングが崩れてしまいます。

予算の限られた高校野球部では難しいところもあるが……、それだけボールによって、ピッチングもバッティングも変わってくるということだ。

バッティングは何とかなる キャッチボールを重要視する

2015年夏、仙台育英に敗れてから始まったバッティング強化。4年経った今、川崎監督はたしかな手ごたえをつかんでいる。

「バッティングは何とかなると思えるようになりました。だからこそ、大事になるのがキャッチボール。今、リクルートの段階ではキャッチボールがしっかりとできる子をよく見るようにしています」

バッティングは、高校で鍛えることができる一方で、スローイングを教えるのが難しいと感じている。

「現役時代、バッティングが苦手だったので、試行錯誤して、考えながら取り組んでいました。いろんな人の考え方を聞いて、自分でも勉強して、それが今に生きています。だから、打てない選手を見ると、その子の気持ちがわかるし、『ボールがこんなふうに見えているんだろうな』ということも想像がつく。でも、スローイングに関しては、ぼく自身が苦労したことがないんです。考えずに、できてしまっていた。人に教える、伝えるとなると、自分ができてしまっていた分、難しさを感じます」

これは、なかなか深い言葉ではないだろうか……。現役時代、苦手だったからこそ教えられることがあれば、できていたからこそ教えにくいことがある。

川崎監督は、それを自覚したうえで、「だから、スローイングを教えるのは怖さがあるんです」と実感を込めて語る。打球への入り方や捕り方、ステップワークを教えることはできても、ボールを投げることに関しては、本人の感覚によるところが大きい。

今年で38歳。これから何度も甲子園に出て、優勝争いにも絡んでくるはずだ。バッティングのさらなる進化とともに、投げることに対する指導や考え方がどのように変わっていくかにも注目したい。

米子東

紙本庸由 監督

「進学校の強みを生かし、科学的見地に基づいた指導法」

「古豪復活」を呼び込んだ若き指揮官の打撃強化術

かみもと・のぶゆき

1981年生まれ。米子東では主将を務め3年時には春の県大会で優勝。卒業後は鳥取大を経て指導者の道へ進む。2013年の新チームから母校の監督に就任。低迷が続いたチームを建て直し、2019年には春夏連続で甲子園に出場。全国屈指の進学校としても知られる同校を、自ら学んだコーチング理論や専門家のサポートを得ながら指導する。

2019年春、部員18名(女子マネージャー2名含む)で23年ぶりにセンバツに出場し、「古豪復活」を印象付けた米子東。同年夏には28年ぶりに鳥取県大会を制し、甲子園春夏連続出場を果たした。文部科学省のSSH(スーパーサイエンスハイスクール)にも指定されている文武両道の伝統校を甦らせたのは、米子東のOBである紙本庸由監督だった。自ら学んだマネージメントやコーチングの手法を活用し、打撃強化につなげている。

紙本庸由の「打撃メソッド」とは？

一

与えられた時間の中で効率よく成果を上げる

理解力、吸収力の高い進学校の強みを生かし、時間内で最大限の成果を上げる効率性を重視する。そのために、トレーニング指導、技術指導など各分野の専門家を招き、プロも実践するトップレベルの教えを受ける。〝科学的見地〟に基づいた練習を行いながら、強くなるための道筋を〝細分化〟し、ひとつずつこなしていく。

二

「わかる」から始まり、「いつでも打てる」がゴールに

成長のステップは「わかる→練習したくなる→練習する→身に付く→見つける→練習で打てる→試合で打てる→いつでも打てる」。技術も体の使い方も、まずは理解することからスタートして、段階を経てやるべきことをこなしていく。

三

理想のスイング軌道はひとつだけ

構えやスイングに移るまでの動きは人それぞれだが、ボールをババットの芯でとらえるうえでもっとも重要な「スイング軌道」の理想形は、どんな選手でもほとんど同じ。前田健さんのようなスペシャリストによる「動作改善ドリル」を活用し、まずは理想のスイング軌道を体現できる「体」を作り上げる。

四

正しい動きの習得は軽いバットで行う

理想の打撃、理想の動作を習得するために行うドリルでは、軽いバットを使うこと。重たいバットでは余計な力みが生まれ、本来やりたい動きを邪魔してしまう。ただし、長さは通常のバットに近付けたほうが、実戦との感覚のずれが少なくなる。

五

結果ではなく行動に執着する

結果に執着する選手は本番に弱い。「絶対に打つぞ」「俺が打たないと負ける」ではなく、自分の理想の動作が引き出せるためのコツを意識する。練習は勝ちたいと思って取り組み、試合では勝ちたい欲を消して、やるべきことに徹する。

強打でつかみとった春夏甲子園
夏6年連続初戦敗退からの復活

２００8年から２０１３年まで、夏の大会で6年連続初戦敗退と低迷が続いた米子東。２０１３年の新チームから紙本監督にバトンが渡ると、２０１４年春夏秋ベスト４に食い込み、２０１7年夏は26年ぶりに決勝進出を果たし、甲子園にあと1勝と迫った。

そして、２０１8年秋の鳥取大会準優勝で中国大会に出場すると、初戦から7対６（対開星）、8対６（対倉敷商）、6対５（対呉）と、ハイスコアの接戦をモノにして、センバツ出場を決定づけた。特徴的だったのが、バントが想定される場面でも、強打でチャンスを拡大していったことだ。敗れた決勝戦を含めて、中国大会4試合で犠打は４つ。「バントをしないわけではなく、打たせた方が得点率は上がるという確率の問題」という紙本監督のコメントもあり、バッティングに対する自信が伝わってきた。

センバツが決まったあと、少人数&伝統校ということもあり、さまざまなメディアが米子東の快進撃を取り上げた。それを読めば読むほど、紙本監督の指導に興味が湧いてきた。「公式戦でホームランを打ったときは、ホームランボールをお母さんにプレゼントしています。お母さんの手料理のおかげで、体が大きくなっている。ホームランを打てたのは、お母さんの力です」という言葉もあった。

指導法で、特に印象に残ったのがこの考えだ。

「〝科学的見地〟に基づいた練習と、強くなる道筋の〝細分化〟」

理解力、吸収力の高い進学校の強みを最大限に生かし、与えられた時間の中でどれだけ効率よく成果を上げることができるか。技術指導は前田健さん（ＢＳＣベースボールパフォーマンス代表）、トレーニング指導は高島誠さん（Mac's Trainer Room代表）と、定期的に専門家を招き、トップレベルの教えを受けているという。

とはいえ、プロ野球選手のように、専門家の教えをいつも受けられるわけではない。予算の関係上、指導を依頼できるのは年に数回であり、それ以外の日常のほうが圧倒的に長い。教えを理解し、自分のものとして定着できる吸収力や向上心がなければ、チーム全体のレベルアップにはつながっていかない。紙本監督はどのようにして浸透させているのか、そこに興味を持った。

取材のお願いをすると、「前田健さんが来られる日がちょうどありますよ」と有難い返事をもらい、指導日に合わせて米子入りすることになった。

マズローの『五段階欲求説』が始まり「他者社会」への貢献が大きなパワーに

「指導者としての始まりは、マズローの五段階欲求説から始まっているんです」

紙本監督への取材は、意外な一言から始まった。マズローの五段階欲求説といえば、人間の欲求を、五層から成るピラミッドで表現したものだ。中学校か高校か忘れたが、授業で習った記憶がある。

「教師になる以前から、〝やる気〟に興味を持っていました。すごく頑張れる人もいれば、頑張れない人もいる。その違いはどこにあるのか。そんなときに、書店で五段階欲求説の本に出会い、そこからのめり込んでいきました」

15年近く前、初任の倉吉東に勤めているときに、転機になった出来事があった。

「初めての担任を持ったとき、1年生の5月の定期テストの成績が悪く、先輩から『紙本くん、最初はこんなもんだよ』と言われたんです。正直、『え、おれのせいじゃないだろう?』と思いました。入学したばかりの5月ですよ。でも、その言葉が悔しくて、自分で五段階欲求説を勉強して、あの手、この手を使って、クラス経営をしていきました。そうしたら、最後の2月のテストで、全教科全科目ともにうちのクラスが学年1位を獲ったんです」

そこから、さらに興味を持ち、専門家のもとでコーチング論を学ぶようになった。目標設定、内発的動機付けの重要性、承認欲求を育むための声掛け……、監督としてチームを持ったときに、選手のやる気を引き出せるように、お金と時間を自分自身に投資した。

母校・米子東に赴任したのが2013年のこと。前述のとおり、就任5年目に決勝進出を果たしたが、甲子園を目前にして敗れた。

「惜しいとか、ここまで来られたからよかったなんて思っていたら、一生、勝てない。そこで出会ったのが、原田隆史先生（株式会社原田教育研究所）の『原田メソッド』でした。今までの自分は、いいとこ取りでつまみ食いしていたところがあったのですが、原田メソッドはすべてがひとつになっていると感じて、勉強を始めました」

「教育の力で世界中を元気に」をモットーに、人材育成に力を注ぐ原田先生。かつては、大阪の公立中学校の教員を務めて「カリスマ体育教師」と呼ばれたこともあった。紙本監督は、インターネット上で受講できる「原田メソッド認定パートナー養成塾」に入塾し、計35時間の学びを経て、認定パートナーの資格を得た。

原田先生からの教えを受け、米子東で実践していることのひとつに「長期目的・目標設定用紙」がある。シートの中に「目的・目標の4観点」という欄があり、未来に向けたゴールを、有形／無形／私／他者・社会の4観点から考え、思考を整理していく。紙本監督は自ら取り組む中で、自分の想いに改めて気づいたことがあるという。

「自分の思考が、『私』ではなく『他者・社会』に向いていることに気づきました。たくさんのOBや保護者を喜ばせたい、両親を一度甲子園に連れて行ってあげたいとか、『誰かのために』という想いが強いんです。その目的を実現するためにも勝ちたい。甲子園を決めたときは、本当にたくさんの人に喜んでもらえました。だから、米子東が目指すのは、『利他的勝利至上主義』です。人の役に立つ、人を喜ばせる。このパワーは本当にすごいものがある。うちの選手たちはこの思考がベースにあるので、少々のことではへこたれません」

利他的勝利至上主義——、初めて聞いた言葉だ。利他的とは、わかりやすく言えば「自分のことよりも他人の幸福を願うこと」という意味になる。

「誰かの役に立ちたい、何かに貢献したいという想いは、もともと、誰もが持っているものです。でも、そこに気づいていない選手もいる。だから、意識して、自分たちの取り組みが世の中にどれほど貢献しているのかを伝えるようにしています。実感できれば、もっと貢献したいという気持ちが芽生えてくるものです」

「米子東の野球から元気をもらった」という地元の人の声があれば、すぐにそれを伝える。

野球振興活動の一環として、保育園や幼稚園、少年野球を対象にした野球教室も開いていて、感謝の言葉をもらうことも多い。

「思考が行動を生み、その行動が結果を生む」

これが、紙本監督の考えだ。他者・社会に貢献する意識が強くなれば、少々きつい練習であろうとも、心が折れず、自主練習にも主体的に取り組めるようになる。ベースとなる思考があってこそ、技術を高めていくことができるのだ。

所属と愛、承認の欲求を満たす部室をパワースポットにする

マズローの欲求五段階説は、今も紙本監督のコーチングのベースになっている。

ピラミッドに見立てて考えたとき、一番下から生理的欲求／安全の欲求／所属と愛の欲求／承認の欲求／自己実現の欲求と発展していく。下の2つは「物質的欲求」、上の3つは「精神的欲求」としてまとめられることもある。

「世界的に見て、日本の素晴らしいところは、多くの子どもたちが生理的欲求と安全の欲求に満たされた環境にあるところです。そうなると、指導者の腕が問われるのは、3つ目の所属と愛の欲求、4つ目の承認の欲求であり、この2つをどれだけ高めていけるか。そこ

に心を配っていく。この欲求が満たされることによって、目標を果たす自己実現の欲求につながっていくわけです」

所属と愛の欲求を満たすために、紙本監督が大事にしているのが、真面目で誠実に取り組むことが認められる集団を作ることだ。

「必死で努力している姿をさらけ出せる集団なのか。苦しんだり、悩んだりしていることを、素直に言える集団なのか。そこはものすごく大事にしています。そのひとつとして意識しているのが、部室です。私が選手に伝えたい言葉や写真をたくさん貼って、パワースポットにしています。部室とグラウンドはパワースポット。あれだけの部室を作ったら、部室の空気はよどまないはずです」

部室を見せてもらったが、まず目に飛び込んできたのが智辯和歌山のユニホームだった。2019年夏の甲子園初戦で敗れた相手である。紙本監督によると「敗戦を忘れるな」という意味ではなく、「智辯和歌山に勝てるチームを作れば、日本一になれる」というメッセージを込めているそう。入口付近には「日本一になるために今のあなたの行動は大丈夫？遅いと思ったときが変わるチャンスです」という言葉もあった。指揮官の言葉かと思いきや、選手が自主的に書いたとのこと。紙本監督の想いが、選手にもたしかに伝わっている。

４つ目の承認欲求には、どんなアプローチを仕掛けているのか。

「コーチングの基本となる、『傾聴して、承認して、質問する』のサイクルを回していくこと。もうひとつは、存在承認、行動承認、結果承認のいずれかで、承認していくことです」

承認欲求をさらに細かくすると、３つの層から成るピラミッドになり、一番下から存在承認／行動承認／結果承認と上がっていく。指導者はこの階層を理解したうえで、選手に声をかける。

「たとえば、試合でホームランを打った選手がいるとします。そのときは、『よく打ったな、今まで努力してきたからな、お前ならやってくれると思っていたよ』と、３つすべてを承認する。結果が出ない選手がいたら、承認の階層を一段下げて、『努力している姿は見ている』と、行動を褒める。行動がうまくいっていない選手がいたら、さらにひとつ下の『お前の存在そのものが素晴らしい』と存在を褒めるようにしています」

選手が毎日提出する「日誌」も、承認欲求を満たすひとつのツールとなる。

「ダメ出しはほとんどしません。褒めたり、称賛したり……、グラウンドでは厳しく言うこともあるので、罪滅ぼしですね。取り組んでいる過程を褒めるようにしています」

子どもでも大人でも、人は誰だって他者に認められたい。認められたら、嬉しい気持ちになるのは当然のことだ。

「わかる」から「いつでも打てる」へ何をどれぐらい、どんな感情で取り組むか

ここから、具体的な打撃論に入っていきたい。紙本監督に「打撃指導において、どのような優先順位を立てていますか?」と聞くと、成長のステップを明確に表してくれた。

「わかる→練習したくなる→練習する→身に付く→見つける→練習で打てる→試合で打てる→いつでも打てる」

まずは、「わかる」から始まり、最終的なゴールは「いつでも打てる」にある。

「理解することから、すべてが始まります。うちは前田さんの動作改善ドリルに、1年中取り組んでいますが、監督である私や、コーチの田中雄大先生(＊取材後、2020年4月1日から県立日野へ異動)が、そのドリルに惚れ込み、有用性、実用性を生徒に説明できる状態にならなければ、絶対にチームには浸透していきません。ぼくが惚れ込んでいるのは、前田さんは感覚的なことを言わずに、骨の動かし方や体の使い方など、動作からスイングを作っていくところです。関節の可動域が広がっていけば、誰でも理想の動作を手に入れることができると感じています」

前田さんの指導を初めて受けたのが、2017年の1月。年に4回ほどの指導であったが、チーム全体の打力が上がり、同年夏の鳥取大会では決勝にまで勝ち進んだ。結果が出たこともあり、ドリルの有用性を誰もが実感した。

「彼らには、パフォーマンスの方程式を伝えています。『何を、どれぐらい、どんな感情で取り組むか』。これによって、パフォーマンスが決まってくる。大事なところは『どんな感情で』です。どれだけ理解をして、どんな想いで取り組んでいるか。理解ができるから、『これを身に付けたら、打てるようになる』と練習したくなる。中途半端な理解では、取り組み自体も中途半端になってしまいます」

「打てるようになる」と、選手自身が実感できれば、練習に対する意欲が湧く。それが、「練習したくなる→練習する→身に付く」につながっていく。

「自ら練習に取り組むためには、①プロセスの自己決定、②仲間とともに、③成長を実感できる、この3点をうまく活用していくことがポイントです。プロセスの自己決定は、うちの場合はとにかくノートを書きます。彼らに言っているのは『思考に音が付けば、言葉になる』。思考がない者は、言葉で表現することができません。何も考えていない選手は、喋ることも書くこともできない、ということです」

1カ月に1回、マンダラート（オープンウィンドウ64）に取り組む。大谷翔平（ロサンゼルス・エンゼルス）が、花巻東時代に取り組んだことでも有名になった目標を叶えるためのシートだ。9×9のマスがあり、シートのど真ん中に達成目標を書き入れ、その周りに目標を成し遂げるために必要な要素を8つ書く。さらにそのひとつひとつを向上させるための行動を、8つ書き入れていく。

「うちがほかの学校と違うのは、優先順位を決めていることです。目標を達成するために8つの項目があるとしたら、そこに優先順位を付ける。そうすれば、限られた時間の中で何をやるべきなのかが、明確に見えてきます」

たとえば、東大志望の遠藤想大のマンダラートを見せてもらうと、①人間性、②思考力、③フィジカル数値、④体重、体のケア、⑤バッティング正しい形で……とある。⑤のバッティングを実現するための行動にも優先順位があり、①毎日下半身のドリル3分、②毎日真下のドリル3分、③毎日フルスイング10分……と、書かれていた。

毎日記入する「日誌」には、1日のタイムスケジュールを書き込む欄がある。前日に、「明日どう過ごすか」を記入したうえで、その日を終える。

「1日は1440分です。分単位で考えることによって、『1限目と2限目の10分休憩の間に単語帳をやる』など、空き時間に何をやるかまで決めることができます。大事なことは、予測して、準備して、自分からアクションを起こすこと。リアクションではなく、アクションです。試合の打席の中で、チームで決めた狙い球を打っていくこともアクションのひとつ。人間は習慣で動く生き物なので、自ら動く習慣を日ごろから付けてほしいのです」

予測して、準備して、行動する。グラウンド外の時間で良い習慣を付けることが、プレーの向上にもつながっていく。

打ち方に「タイプ」は存在しない動作改善ドリルで動ける体を作る

では、紙本監督や田中コーチがほれ込む、「動作改善ドリル」とは、具体的にどのようなものなのか。前田さんは日本石油（現・JX－ENEOS）と阪神タイガースでトレーニングコーチを務め、現在は野球の動作改善施設『BCSベースボールパフォーマンス』を主宰している。まずは、ドリル紹介の前に、前田さんが考える打撃論から紹介していきたい。

「ボールに対してバットがどう向かい、どう当たれば、どういう結果になるかというスイング軌道とボールとの関係には万人共通の原理原則があります。どのようなスイング軌道になるかは、スイングを始動するトップの体勢と、そこからの体の使い方で決まり、その体の使い方がどうなるかの大部分は、股関節や肩甲骨、胸郭などの関節の動きの善し悪しの特徴で決まります。タイミングですら、詰まりやすい、泳ぎやすいといった傾向が出やすいのは、そうなりやすいスイング軌道に原因があるので、打てない選手を打てる選手に変えていくためには、トップ以降のスイング局面で動くべき関節を動くように変えて、望ましい軌道でのスイングができるようにしていく必要があるのです」

米子東の指導に携わり、今年で4年目。昨年は春夏連続甲子園出場という成果が出た。

「全国レベルから見ると、入学時は標準以下のプレーヤーばかりです。その選手たちが一本足、すり足といった足の動かし方や構え方を変えたり、『引き付けて反対方向』のような意識の持ち方を変えたりするだけでは、スイングの根本は何も変わらず、強豪私学には到底太刀打ちできません。何せ、動いて欲しい関節が思うように動かないのですから、その状態で『こうすると打ちやすい』とか『○○タイプ』とか言ったところで、問題点の原因はそのままなのです。だから私は、米子東の選手たちに『理解』と『反復』を求めました。必要な技術がどのような関節の動き合いで実現するのか、その動作の仕組みを『理解』し、技術の実現に必要な関節の動きを開発するためのドリルを徹底的に『反復』する。それによって、本当の技術を身に付けることができるのです」

多くの学校で、股関節や肩甲骨の可動域を広げるストレッチや体操に取り組んでいるが、それだけでは動作は改善されていかないという。

「バッティングの中で股関節や肩甲骨がどう動いて、効果的なスイング軌道が生まれるのか。その仕組みまではあまり理解されていないので、技術練習の中でそれらの関節の動きを、直接的に改善する取り組みが抜けている場合が多いのです。そこで、動作改善ドリルが必要になります」

バッティングの原理原則として、前田さんが大事にしているのが次の3点だ。高校生だろうが、プロ野球選手だろうが、求める動作は同じになる。

1.トップ、あるいはトップからスイング始動に移行していく動きの中で、ボトムハンドの肩から腕、バットにかけてのラインの角度を、球に向かうスイングプレーンの角度に合わせる（写真P197＝スイングプレーンの角度）

「どの高さのボールであろうとも、ボールの真正面からバットが入っていくようにスイングプレーンの角度を合わせていく。この角度がずれていくと、出したいところにバットを出せなくなります。大事なことは、『ここに振る！』と思ったところに対して、寸分の狂いもなくバットを出していくことです」

ときに、スイングプレーンの角度が合っているのに、ずれが生じる選手がいるという。その場合には、ひとつの対処法としてボトムハンド（右打者は左手）の握り方を変える。

「ボトムハンドだけ手の平で握ってみると、手とグリップの摩擦力が増して、安定した状態でバットを握れる選手がいます。指で握るフィンガーグリップを勧める指導者が多いと思いますが、握る力が緩くなり、バットを振り出すときにずれが生まれることあるのです」

取材中、主砲の岡本大翔が、「少しスイングに違和感があって、見ていただけないしょうか」と前田さんのもとに来た。素振りを見た前田さんは、「ボトムハンドの握りを変えてみようか」と提案。それまでのフィンガーグリップからパームグリップに変えたところ、トップからの振り出しが明らかにスムーズになっていた。

2．踏み出した足を支点に、その股関節上で骨盤の回転動作を行う。その際、骨盤はピッチャーに対して横向きのまま、踏み出し足の内《うち》腿《もも》に寄っていく「スライド動作」から始動し、後ろ腰を直線的に投球方向へ進める。

「『後ろに残して軸足で回る』というイメージを持つバッターもいると思いますが、それはイメージの世界。映像や連続写真を見れば、ステップで移動してきた力を前足がしっかりと受け止めて、前足に支点が作られているのは明らかなことです。着地後、骨盤はピッチャー

スイングプレーンの角度

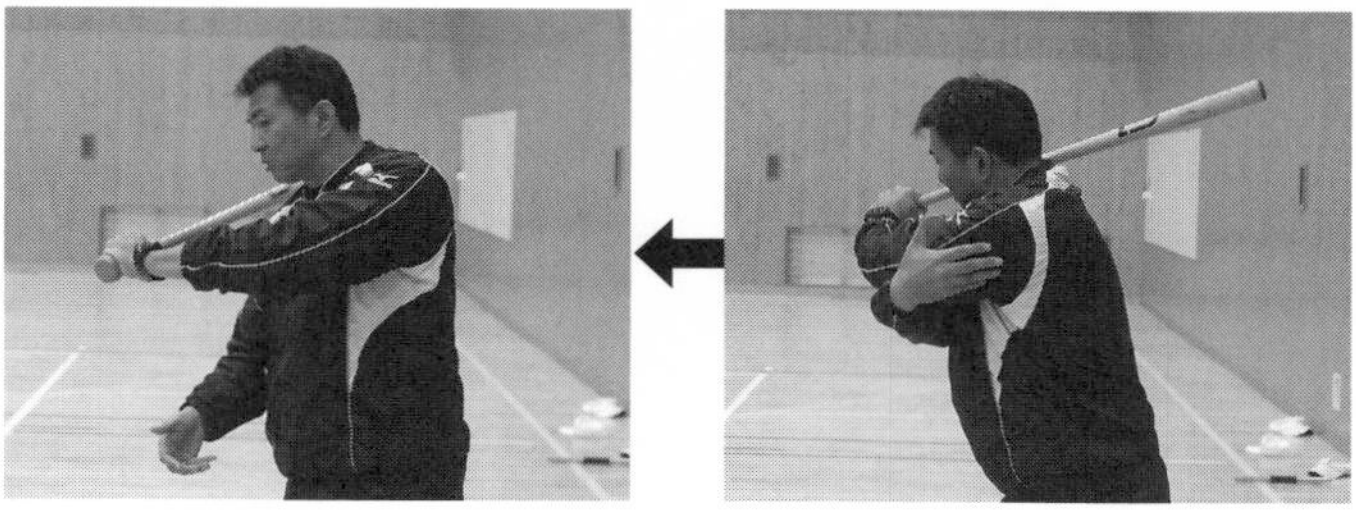

どの高さのボールでも、真正面からバットが入っていくようにスイングプレーンの角度を合わせていく。この角度がずれると、出したいところにバットを出せなくなる

ボトムハンドと肩のリード

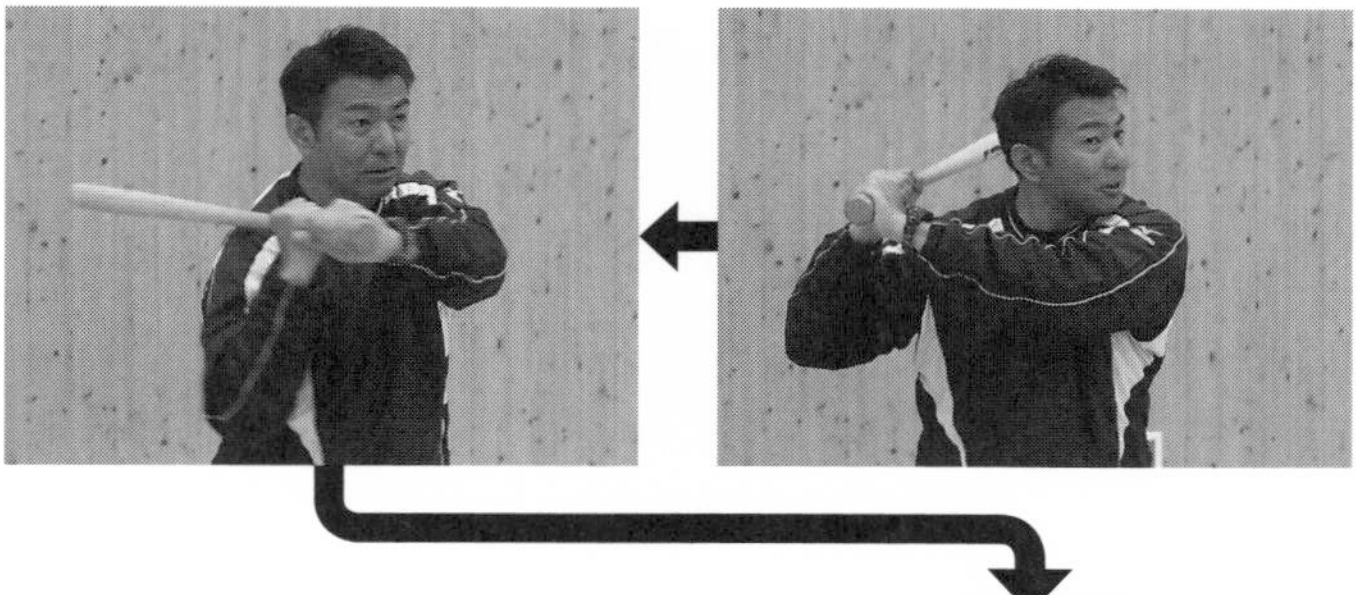

ボトムハンド（右打者の左手）と肩先の位置関係を変えずに出すことで、理想的なバットの軌道に近付ける

方向に横向きのまま、踏み出し足の支点の内腿に寄っていく動きから始動し、後ろ腰はそのまま直進していきます。骨盤の始動の横向きの時間がわずかにあることで、スイングの方向調整に必要な骨盤の向きの調整ができ、あらゆるコースへの対応が可能になります」

後ろに残したまま骨盤を回転させたら、回転開始直後に、骨盤が早く前に向き、いわゆる〝開きの早いスイング〟になるとともに、バットのグリップが体から離れていく遠回りのスイングになる。

3．背骨を軸に両肩を入れ替える上体の回転と、ボトムハンドの肩のリードとの連動で、ボトムハンド主体にバットを引き出す。

「トップハンド（右打者の右手）主体の場合、スイング始動でグリップが一旦、下に落ちる動きが起こる選手が多いです。そうならなくても、トップハンドが早く伸び始めるので、バットは体から早く離れてヘッドが遠回りし、ヘッドが返りながらのインパクト（コネる）を迎えやすくなります。トップハンドは強い打球を打つために重要ですが、そこがスイング軌道を作る主役になるとスイング軌道に問題が起こるのです」

決して、トップハンドを軽視しているわけではない。スイング軌道を作るボトムハンドをしっかりと使えるようになってこそ、トップハンドが生きてくるとの意味だ。

「上体の回転と連動したボトムハンドの肩のリードの働きによって、バットと肩先との近い位置関係が変わらずにバットが前に出ていきます（写真Ｐ１９７＝ボトムハンドと肩のリード）。バットは腕で動かしているのではなく、上体の回転動作によってバットが引き出されていく。だから、トップでのバットと肩先との距離が変わらずに、バットが前に進み、バットを体の内側から出すことができます」

内からバットを出すことによって、インコースの速い球に素早く対応し、右バッターがアウトコースのスライダーを逆方向に打ち返すこともできる。

上体の回転動作がスイングの主役を担う正しい動作をするためにドリルは軽いバットで

この３つの動作を手に入れるために、さまざまなドリルがある。米子東では15種類ほどのドリルに取り組んでいて、前田さんが来校するときに、ブラッシュアップが行われる。バッティング指導担当の田中コーチが、前田さんの指導風景を動画で撮影し、自分自身も選手と同じように話を聞き、理解をしたうえで、選手に落とし込んでいる。

ドリルの注意点は、軽いバットを使うこと。重たいバットでは、余計な力みが生まれ、本来やりたい動きを邪魔してしまうからだ。ただし、長さは通常のバットに近づけたほうが、実戦との感覚のずれを少なくできる。田中コーチの発案により、レベル1は560グラム前後、レベル2は720グラムと、選手の力量に合わせて、重さを変えている。

誌面の都合上、すべてのドリルは紹介できないので、代表的なものを5つ紹介したい（理論やドリルについて、さらに詳しく知りたい方は、ベースボールマガジン社刊行の『バッティングメカニズムブック理論編』などを参照ください）。

ドリル①振り子ドリル（**写真P203**）

【やり方】

みぞおちから上を折って上体を前に倒し、肩甲骨を前にすぼめた（前に出した）状態で上体を回転させ、バットを振り子のように左右に振る。頭の位置と下半身を固定して行う。

【ポイント】

背骨を軸にして、両肩を入れ替えるのが狙い。バットを振るたびに、アゴの下に右肩と左肩が交互にくるところまで、体が動いていなければいけない。肩甲骨や胸郭が硬い選手は、アゴの下まで肩がこない。肩甲骨の位置も重要で、前にすぼめることによって、可動域が広がる。さらに、肩甲骨を前に出すことで、ヒジが体の中に入ってくる。

「バットを左右に振ってもヒジが体側に外れずに、両ヒジが胸の空間に前に収まっていることがポイントです。実際のインパクトでも、両ヒジは胴体前面の空間に収まってきます」

そのためには、バットが真下を通過したあとに素早く、アゴの下に肩を入れることが重要となる。それだけ、肩を入れ替える動きを良くする必要がある。前田さん曰く「まばたきした瞬間には、出したいところにバットが出ていなければいけない」。肩甲骨や胸郭の動きを高めることが、バットの出の速さにつながっていく。

ドリル②前足股関節を支点に回転（目線下）（写真P203）

【やり方】

肩幅程度に広げたスタンスから、実際のバッティングと同じようにワンステップ入れてから、骨盤を回転させる。顔の下に1枚の鏡があるとイメージして、顔の位置は動かさないようにする。アゴの下で肩を入れ替えるのは、ここでも共通項となる。

【ポイント】

踏み出した前足の支点に向かって後ろ腰が直進していく、骨盤の回転動作の習得が狙い。骨盤が横向きのまま踏み出し足の内腿に寄っていく動きから始動し、そのまま後ろの腰を完全にピッチャー方向へ直進させて回り切る。この始動によりスイングの方向調整に必要な骨盤の向きの調整が可能になる。骨盤がコマのように回ると、顔が鏡から外れる。

「バッティングの骨盤の回転動作はコマのような回転ではありません。着地後、骨盤はピッチャー方向に横向きのまま踏み出し足の内腿に寄っていく動きから動き出し、後ろ腰はそのまま直進していきます。その動き出しには両足の内転筋が締まる動きが、働く必要があります」

ドリル③前足股関節を支点に回転（目線前）（写真P205）

【やり方】

前足股関節に重心を移した状態から、上体を鋭く回す。目線をピッチャー方向に向けることによって、実戦に近い形となる。下半身は内転筋に力を入れ、軸足の親指の内側で踏ん張る。

【ポイント】

アゴの下で肩を入れ替えるのは、これまでと同じ。この鋭さをどれだけ高められるか。よく、「下が動けば、上は勝手についてくる」という話を聞くが、前田さんは完全に否定する。

ドリル①振り子ドリル

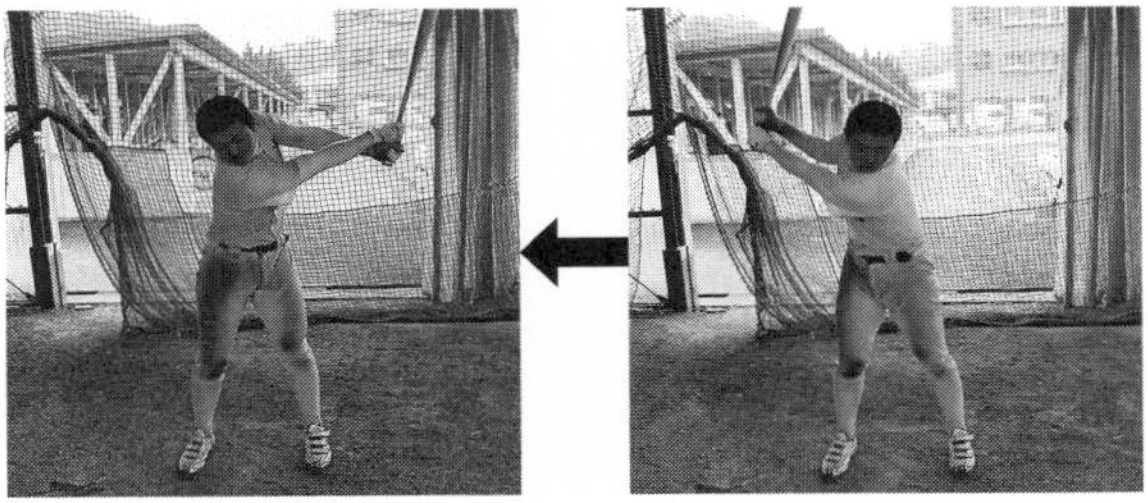

みぞおちから上を折って上体を前に倒し、肩甲骨を前にすぼめた（前に出した）状態で上体を回転させ、バットを振り子のように左右に振る

ドリル②前足股関節を支点に回転（目線下）

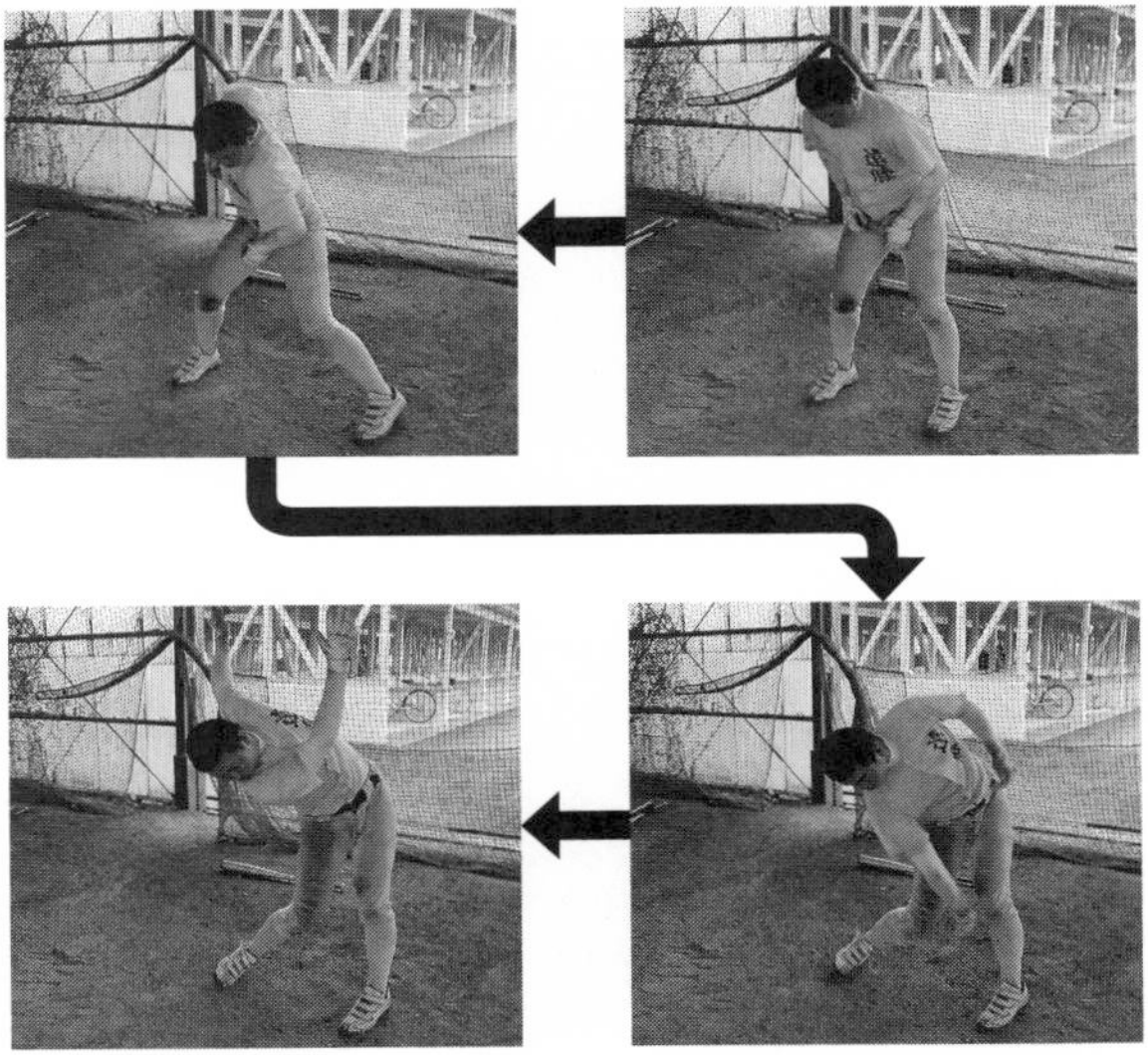

肩幅程度に広げたスタンスから、実際のバッティングと同じようにワンステップ入れてから、骨盤を回転させる。顔の下に1枚の鏡があるとイメージして、顔の位置は動かさないようにする

「バットスイングを行う主役は上半身です。上半身の役割は着地足の固定により、鋭い上体の回転を導くことと、骨盤の向きでスイングが向かう方向を調整することにあります。たとえば、『手打ち』の選手に対して、『下半身が使えていない』とよく言われますが、下半身を一切使わなくても、上半身の回転動作が柔軟に動けば、普通にスイングできます（P210＝正面ドリル参照）。逆に、胴体を完全に固めてスイングすると、どんなに下半身を使っても、腕ばかりでのスイングになり、まともに振れないことがわかります。スムーズなスイングを行うために必要なのは上半身の動きであり、『手打ち』の原因は下半身が使えていないからではなく、肩甲骨と胸郭の動きが悪いことにあるのです。バットを持つのは腕であり、その腕は肩甲骨と胸郭に付いているので、肩甲骨と胸郭が動かなければ、腕で振ることになるのは当たり前です。こんな当たり前のことなのに、上体の回転動作はほぼノーマークなのが現状です」

「開いてはいけない」という言葉を意識すぎるあまり、前の肩を閉じて打とうとするバッターがいるが、これは大きな勘違いとなる。上体の回転動作がなければ、鋭いバットスイングは生まれない。

ドリル③前足股関節を支点に回転（目線前）　動

前足股関節に重心を移した状態から、上体を鋭く回す。目線をピッチャー方向に向けることによって、実戦に近い形となる。下半身は内転筋に力を入れ、軸足の親指の内側で踏ん張る

ドリル④正面振り　（写真P210）

【やり方】

ピッチャーに正対した状態から、上体だけをねじり、肩の入れ替えを使ってスイングする。右バッターであれば、右足のスパイク上に左肩がくるぐらいの深いトップを作る。

【ポイント】

上体をねじることによって、骨盤と上体との間に引き裂かれたようなストレッチ状態を作ることができ、それを開放することでボトムハンド主体のスイングがしやすくなる。ここでも、顔の向きを変えないように注意する。右バッターであれば、トップに入ったときには左肩の上にアゴがあり、フォロースルーでは右肩の上にアゴが乗る。

ドリル⑤スイングプレーンを合わせる　（写真P211）

【やり方】

右バッターであれば、右手でボトムハンド（左手）のヒジを支え、そこからステップを入れてスイングする。これまで説明してきた、軸足を支点にして後ろ腰を直進させること、内転筋に力を感じ、軸足の親指の内側で踏ん張ること、アゴの下で肩を入れ替えることが、網羅されている。

【ポイント】

まずは、ステップ動作。

「ステップは、軸足の力で骨盤をピッチャー方向へ推し進める動作になります。腰を前方に進ませながら、上半身がテイクバックを行うことで、着地のタイミングで上半身と下半身との間に『割れ』が生まれるのです」

前足をステップしているので、どうしても前足に意識が向きがちだが、軸足の力で体をピッチャー方向へ運ぶ。このとき、骨盤は横向きの状態を保ったままとなる。

後ろ手でボトムハンドのヒジを持っているのは、ボトムハンドをスイングプレーンに入れる意識を持ちやすくするためだ。この角度がずれると、自分が思ったところに素早く、バットを出せなくなってしまう。バットは、ボトムハンドのヒジが向いた方向に出ていく。

結果ではなく行動に執着する
スローガンは「執着狂気」

ドリルに繰り返し取り組み、実戦に臨む。試合で打てるようになるには、感覚をつかみ、結果を生み出すための考え方を知ることが重要になる。

「最終的には、自分なりの感覚を見つけてほしい。理想は、ひとりひとりが違う感覚を言葉にしながらも、前田さんに教わっている理想の動作ができていることです。それぐらい、感覚は個人によって違うもの。選手がいい動きをしているときに、『今はどんな感じなの?』とあえて聞くようにしています」

そして、実戦では、やるべきことを明確にする必要がある。

「前後際断です。前後を捨てて、今やるべきことに執着する。わかりやすくいえば、結果に執着するか、行動に執着するか。結果に執着する人間は本番に弱い。1点ビハインドの9回裏2アウト二、三塁で、『絶対に打つぞ』『おれが打たないと負ける』となるのが結果に執着する選手。そうではなくて、行動に執着してほしい。そこで意識するのが自分なりのコツです。『上から叩く』でも『引き付ける』でも何でもいいので、自分の理想の動作が引き出されるためのコツを意識しておく。だから、練習では勝ちたいと思って取り組んで、試合では勝ちたい欲を消して、やるべきことに徹する。野村克也さんが『欲から入って、欲から離れる』という言葉を残されていますが、まさにそのとおりだと思います」

一塁側ベンチには、チームスローガンが貼られていた。

執着狂気——。

紙本監督の造語だ。狂うほどに執着できてこそホンモノ、という意味を成す。

『お前、そこまでやるの?』と思われるぐらい執着してほしい。うまくなりたければ、お風呂の入り方も、睡眠の取り方も考えるはず。もちろん、勉強も大事。1分たりとも、無駄にできる時間はないはずです」

チームが目指すのは日本一。普通の取り組みをしていたら、到底叶えられる目標ではない。何かを犠牲にすることもあるだろうが、「他者・社会」に目が向いているからこそ、頑張り続けることができる。米子東ならではの強みを生かした先に、目標達成が見えてくる。

ドリル④正面振り

動

ピッチャーに正対した状態から、上体だけをねじり、肩の入れ替えを使ってスイングする。右バッターであれば、右足のスパイクの上に左肩がくるぐらいの深いトップを作る

ドリル⑤スイングプレーンを合わせる 動

右バッターであれば、右手でボトムハンド（左手）のヒジを支え、そこからステップを入れてスイングする。踏み出し足を支点にして後ろ腰を直進させること、内転筋に力を感じ、軸足の親指の内側で踏ん張ること、アゴの下で肩を入れ替えることが網羅されている

県相模原

佐相眞澄 監督

「打ち勝つ野球で 激戦・神奈川を制す」

さそう・ますみ
1958年8月31日生まれ、神奈川県出身。法政二、日本体育大で活躍。卒業後は相模原市立新町中、大沢中、東林中に赴任し、全国大会に3度出場。2001年にはKボール全国大会で優勝。2005年に川崎北の監督に就任し、2007年秋には県ベスト4。2012年に県相模原に着任。2014年夏ベスト8、2019年夏ベスト4など、県内屈指の進学校を上位に導いている。

県内屈指の進学校を 打ち勝つ野球で上位へと押し上げる

昨年夏、横浜に8対6で打ち勝ち、創部初のベスト4入りを遂げた県相模原。佐相眞澄監督は強豪私学に打ち勝てるバッティング指導に力を入れ、前任の川崎北でも秋ベスト4に勝ち進んだ実績を持つ。構え、バットの握り、後ろヒザの使い方、トップの角度など、細かな技術を教え、私学と対等に戦える打線を作り上げている。『打撃伝道師』(カンゼン/2020年2月発売)の著者でもある佐相監督が、長年追求してきた打撃の真髄を明かしてくれた。

佐相眞澄の「打撃メソッド」とは？

一

すべてのスタートは〝構え〟から

構えはバッティングのスタート。構えがダメだと、スイングもダメになる。大切なのはつまさき、ヒザ、肩のラインが一直線に並んだ『パワーポジション』で構えること。この状態が、もっとも力を発揮しやすい姿勢になる。

二

動きの確認は下から

どうしてもバットを振る手など、上半身に着目しがちだが、バッティングは下半身からチェックする。特に、バットを振り出すときの後ろヒザの使い方が重要。斜め下にヒザを送ることで肩の開きを防ぎ、股関節を素早く捻じ込んだ強いスイングへとつながる。

三

トップでのヘッドの角度が最重要

上半身でもっとも大切なのがバットヘッドの角度。前から見たときも横から見たときも、バットのヘッドが45～60度を通過することを意識する。この角度があらゆるコース、高さに対応しやすい。

四

後ろヒジと後ろヒザを同調させる

上半身と下半身の「同調」もポイント。正しい動きを身に付けたうえで、スイング時には後ろのヒジとヒザが同時に動く（同調する）ような意識を持つ。同時に、さらに速く動かすことがスイングスピードにもつながる。

五

コース、高低にしっかりと対応する

正しいスイングを覚えたら、コースや高低にどう対応するかを考える。高めはグリップを下げて振る、低めはコックを入れながらバットが離れないようにする、内外角はヒジの角度を変えて対応するなど、高さ、コース別の打ち方をしっかりと身に付ける。

横浜に打ち勝ち創部初のベスト4
バットを持ったバッターが有利！

２０１９年夏の神奈川大会準々決勝。創部初のベスト４を目指す県相模原は、神奈川４連覇を狙う横浜に、５回を終わって０対５の劣勢に立たされていた。グラウンド整備の時間を使って、佐相眞澄監督はベンチの奥に選手を集め、喝を入れた。

「目が死んでいる。負けている目だ！　野球はバッターとピッチャーの１対１のケンカだ。どっちが強いんだ？　バットを持っているほうが絶対に強いんだよ！」

指揮官の目には、暑さと連戦の疲労によって、選手たちの顔が沈んでいるように見えた。この展開をひっくり返すには、打つしかない。「バットを持っているほうが強い！」と鼓舞し、選手たちの背中を押した。すると、７回に集中打で５点を入れて追いつくと、勝ち越されたあとの８回裏に３点を奪い逆転。９回のピンチを切り抜け、〝大金星〟を挙げた。横浜が夏の大会で県立高校に敗れるのは１９９０年以来ということもあり、ヤフートップニュースを飾るなど、全国の高校野球ファンを驚かせた。

「四天王に打ち勝つ！」

これが、佐相監督の目指す野球である。四天王とは横浜、東海大相模、慶應義塾、桐光学園のことを指す。2005年から高校野球の世界に足を踏み入れ、監督生活15年目にして、ついに四天王の一角を崩すことができた。

横浜戦は、練習で培ってきた技術を発揮できたことが逆転勝ちにつながった。7回の風間龍斗のレフト線へのタイムリー二塁打と、8回の中野夏生のライト線への逆転タイムリー二塁打は、それぞれ高めに抜けた失投をとらえた一打。甘い高めをレベルスイングでとらえることは、入学時から徹底して磨いた技術であり、グリップを下げて打つことにポイントがあった。

佐相監督は法政二、日本体育大の出身で、大学4年時には左の代打として明治神宮大会優勝の経験を持つ。卒業後は中学校の教員に就き、相模原市立大沢中、東林中を率いて、3度の全国大会出場を果たすなど、軟式野球の世界で実績を残した。

そして、「甲子園出場」のロマンを求めて、2005年から高校野球の指導者に転身。川崎北では2007年秋ベスト4、2008年夏ベスト8と旋風を巻き起こし、2012年から指揮を執る県相模原では、2014年夏ベスト8、秋ベスト4、2015年春には関東大会に出場するなど、「公立の雄」と呼ばれるまで存在感を高めている。

昨夏の準々決勝で横浜を破ったあと、佐相監督は感慨を込めて呟いた。

「長くやっていれば、いいことがありますね」

中学生を教えているときから、バッティング指導に力を入れ、得点が入りにくい軟式野球でも「打ち勝つ野球」を掲げていた。東林中時代はフリーバッティングの打席を7カ所作り、バッティングセンターでもらった大量のボールを、朝練を中心に長い時間かけて打ち続けていた。金属バット&硬球で戦う高校野球の世界に足を踏み入れ、バッティングにかける想いはより一層強くなっている。

どのようにして、打ち勝つチームを作り上げているのか。打撃理論に入る前に、佐相監督が実践するチーム作りから紹介したい。

環境を整えることが指導者の仕事
「無知の知」である限り成長し続ける

県相模原は毎年のように東大合格者を輩出する県内屈指の進学校である。野球部員も東京六大学や、横浜国大や東京学芸大などの難関国公立大に進む。平日の練習時間は平均2時間半で、練習試合がないシーズン中の土日は半日で終わることが多い。「短い時間で集中する。それが進学校の生徒には合っている」という佐相監督の考えもあり、あえて長い練習をやっていない。

グラウンドは他部との共用のため、フリーバッティングはできない。その代わりに取り入れているのが、バックネット裏に向かってのバッティング練習だ（写真P222＝バッティング練習）。上空からボールが出ていかないように、ネットの配置を工夫したうえで、4カ所にケージを設置している。前任の川崎北もグラウンドが狭かったため、同じようにネット裏に向かって打っていた。

佐相監督には、チームを作るうえで大事にしている言葉がある。

「環境は人がつくる　その環境が人をつくる」

県立高校は、私学に比べて環境が劣るケースが多い。専用球場、室内練習場、練習時間、寮、推薦制度……と、挙げればキリがないが、環境を嘆いたところで前に進めるわけではない。嘆く時間があるのなら、自分たちの手で環境を変えていけばいい。県相模原に移ってからは、保護者の多大な協力もあり、移動式マウンド、照明、ブルペン、トレーニング器具など、年が経つたびに環境が整備されている。

選手には、「技術向上の骨」「努力の骨」「上達の骨」として、自己を高めるためのコツを説く。上達の骨にあるのが、「無知の知」だ。ギリシャの哲学者・ソクラテスが遺した言葉として広く知られ、「自分自身の無知を自覚することこそが、人間の賢さである」という意味を成す。知らないことをあたかも知っているかのようにふるまうのではなく、知らないことを自ら認め、受け入れ、「まだまだ成長できるチャンス」とプラスに考える。言い換えれば、「できないことがある＝できるようになれば、今よりももっと上達できる」。この考えがベースにあれば、ひとつのことが身に付いたとしても、そこに満足することなく、次の課題に向かっていくことができる。

入学時の段階では私学のトップクラスと比べて、能力的にも技術的にも体力的にも劣っているのは、自分たちでもわかっていることだ。そこから2年半、無知であること、できないことを自覚して、努力を続けていく。

こうした思考がベースにあったうえでの打撃理論となる。上達するための土台が脆ければ、どれだけいい教えを受けたとしても、技術はなかなか定着していかないものだ。

1. まず何よりも構えが大事
➡パワーポジションの重要性

２０２０年1月31日、神奈川県中体連指導者講習会が、横浜市の開港記念会館で開かれた。県高野連の監督が中体連の指導者に向けて、チーム作りや指導論について語る会で、今年は講師のひとりとして佐相監督が壇上に立った。テーマはもちろん、バッティング指導だ。

中学生を教えていたときから、「野球界の発展のために」と、自身の打撃理論を惜しげもなく伝えてきている。

何から話し始めるのか注目していたのだが、最初に口にしたのが構えの重要性だった。

「好きなように構えていい」と話す監督が多いが、佐相監督は「バッティングのスタート。構えがダメな選手は、スイングもダメになる」と、構え方から丁寧に指導している。

「一番大事なのは、つまさき、ヒザ、肩のラインが一直線に並んだ、パワーポジションで構えることです（写真P222＝構え）。言葉のとおり、もっとも力を発揮しやすい姿勢。プロ野球選手を見ていると、トップから振り出すときにパワーポジションに入っている選手がいますが、高校生であれば構えの段階から作っておいたほうがいいと思います」

必然的に尻が後ろに突き出て、骨盤が前傾し、横から見ると「く」の字の姿勢になる。

「パワーポジションと骨盤の前傾はセットで考えていいでしょう。骨盤を前傾させることによって、いくつかのメリットがあります。ひとつは、腸腰筋を緩めた状態を作れること。腸腰筋は、体を捻るときに重要な役割を果たす筋肉で、強く速いスイングを生み出すためには欠かせません。最近は腸腰筋を鍛えるトレーニングが盛んに行われていますが、どれだけ鍛えても、腸腰筋が使われやすい構えをしておかないと、効果は薄れてしまいます」

バッティング練習

外野に向かってのフリーバッティングができないので、バックネット裏に向かってバッティング練習を行っている

構え＝パワーポジション

つまさき、ヒザ、肩のラインが一直線に並んだパワーポジションで構える

腸腰筋は、腰椎の側面から太ももの付け根に伸びる大腰筋と、骨盤から大腿骨の内側に向かって伸びる腸骨筋の総称であり、主に股関節の屈曲動作を担う。あとで紹介するが、佐相監督は下半身の動きとして「内転筋のリレー」を大事にしていて、そのリレーをスムーズに行うためにも、腸腰筋の働きが重要となる。

また、骨盤前傾を作ることで、大臀筋やハムストリングスを中心とした体の裏側の筋肉を使いやすい状態を作ることができる。体の裏側は「アクセル筋」とも呼ばれ、スピードやパワーを生み出す役割を持っている。

構えたときに、ヒザがつまさきよりも前に出ると、骨盤が後傾しやすく、ブレーキをかけるための大腿四頭筋が働きやすくなる。これでは、体の裏側が使われず、高い出力を生み出せない。

⬇肩甲骨を緩める

骨盤の前傾を作るとき、骨盤周辺が硬い選手は、腰椎の上部や背中が張りやすくなる。体にストレスがかかった状態で前傾姿勢を作ろうとすると、どうしても体の一部に余計な力みが加わることになる。

「理想は腰椎の下部を軽く反ったうえで、腰椎の上部を緩めて、背中をリラックスさせること。なぜかというと、バッティングにおいて肩甲骨の働きが重要な役割を果たすからです。背中を張った状態でバットを構えると、どうしても肩甲骨の可動域が狭くなり、スイングのときに十分な役割を果たせなくなります。特にアウトコースを打つときは、後ろの肩甲骨の外転（外に開く）が必要。外転を使えてこそ、後ろの手でしっかりと押し込めるようになるのです」

さらに、人は過度なプレッシャーや緊張を感じると、肩がグッと持ち上げられやすくなる。肩と首をつなぐ僧帽筋に力が入った状態だ。自分で試してみるとよくわかると思うが、肩が上がった状態から肩甲骨を自由に動かすのは難しい。公式戦で「おれが打たなければいけない」と思いすぎると、このような状態になってしまう。どれだけリラックスして構えられるかが、試合で結果を残すためのポイントになる。

➡グリップはトップの近くに置いておく

バットは体の正面に構えようが、肩よりも高い位置に構えようが、どこに置いても構わない。ただし、そこにはひとつの条件がある。

「トップに入りやすい場所にバットがあるか」

佐相監督の言うトップとは、前足を踏み出して、つまさきが着く直前のときのバットの位置だ。バットを、今まさに振り出そうとする瞬間。この位置がスイングのたびにずれていたら、バットスイングが安定しなくなり、必然的にボールをとらえる確率も下がっていく。再現性を高めていくことを考えれば、構えの時点でトップに近いところにグリップを置いておいたほうが、ずれが少なくなるだろう。

「基本的な目安として、構えのときは軸足の指の延長線上にグリップを置いておく。ここにあったほうが、トップに入りやすくなるはずです」

昔から「傘を持つ位置で」と表現されることもあるが、佐相監督はもう一歩踏み込んで、ユーモアを交えて話す。

「隣の女の子に傘を差してあげる。相合傘の位置がちょうどいいですね」

自分のために差すよりも、相合傘のほうがヒジに緩みが生まれる。

2. 動きの確認は下から見ていく
⬇後ろヒザは斜め下方向に使う

構えの次に見るべきは下半身の動き。前述した中体連の指導者講習会では、「フォームを直すときは、下から見ていく。なぜこういうスイングになっているのか、その原因は下半身にあることがほとんどです」と説明していた。手でバットを振っているだけに、どうしても上半身の動きに着目しがちだが、まずチェックすべきは下半身となる。

「特に見るのは、バットを振り出すときの後ろヒザの使い方です。『ヒザの送り』とも表現される動きですが、ほとんどの選手が、真っすぐ（地面と平行）か斜め上方向のベクトルで、ヒザを使おうとしています。真っすぐ送ると前肩が上がって横回転の要素が強くなり、前肩が開きやすくなる。斜め上に使うと、後ろ肩が下がって、バットのヘッドが下がりやすい。これでは、速いストレートには対応できないバット軌道になります」

佐相監督が選手に教えるのは、斜め下方向にヒザを送ることだ。斜め下に向けることによって、パワーを発揮しやすい回転で、後ろの股関節を素早く捻じ込め、ボールを的確にとらえるバット軌道と強いスイングにつながっていく。

練習ドリル①ゴムチューブ（写真P229）
後ろヒザのベクトルを覚える

後ろヒザの使い方を覚えるために取り入れているのが、ゴムチューブを使った練習法だ。チューブの端を防球ネットの上部に括りつけ、もう一方を軸足のヒザに巻く。この状態ですでに斜め下方向の力が働いているため、そのベクトルのとおりに、後ろヒザを送る。ティーバッティングやフリーバッティングの合間に、チューブで動きを確認し、実際のバッティングに入っていく。

⬇前足のステップ角度に注意

下半身を使うカギとして、佐相監督は「内転筋のリレー」というキーワードを好んで使う。トップに入ったときには、軸足6〜7、前足3〜4の割合で体重をかけて、前足を踏み込みスイングするときには軸足0、前足10の状態を作る。軸足の内転筋にためたパワーを、前足の内側にどれだけぶつけることができるか。

「内転筋のリレーがうまくできない理由として考えられるのは、後ろヒザの送りとともに、前足のステップの角度です。『開いてはいけない』と思いすぎているのか、つまさきを閉じてステップする選手が多い。こうなると、前足の股関節を回すための空間ができなくなり、どうしても窮屈な状態になってしまいます」（写真P229＝前足つまさき角度NG）

窮屈な状態になれば、後ろから前への体重移動がスムーズに行われなくなる。

「前足を踏み出す角度は、20度から30度が望ましい。つまさきをやや開いてステップしたほ

うが、内転筋に乗りやすくなります」（写真P229＝前足つまさき角度OK）

時折、スイングの途中で前ヒザが伸びてしまう選手がいるが、こうなるとどうしても体重が後ろに残り、前に体重が乗っていかない。この原因も、つまさきの角度に余裕がなく、自分で窮屈な状態を作り出しているところにあるという。

➡つまさきは優しく、かかとは強く

ステップする前足は、つまさきから優しく接地する。中学生を教えているときから、佐相監督は「氷の上を優しく着くように」という表現を使っていた。強くドスンと着くと、氷は割れてしまう。

「つまさきから接地して、かかとはやや浮かしてステップする。地面とスパイクのかかとの間に隙間を作り、かかとを踏むタイミングを変えることで、ピッチャーの緩急に対応することができる。最初から足裏全体で着地してしまうと、ストレートしか打てないバッターになってしまいます」

スイングは、かかとを踏むことによって始まる。つまさきの接地とは違い、かかとを踏むときは、強く踏んでいい。

ゴムチューブ

動

チューブの端を防球ネットの上部に括りつけ、もう一方を軸足のヒザに巻く。この状態ですでに斜め下方向の力が働いているため、そのベクトルのとおりに、後ろヒザを送る

前足つまさき角度OK

前足を踏み出す角度は、20 度から 30 度が望ましい。つまさきをやや開いてステップしたほうが、股関節に乗りやすくなる

前足つまさき角度NG

『開いてはいけない』と思いすぎてつまさきを閉じてステップしてしまう選手が多い

「かかとを優しく踏めば、スイングも弱くなる。かかとを強く踏めば、地面からの反力をもらえて、股関節を回すスピードにもつながっていきます」

つまさきは優しく、かかとは強く。これを両立できるバッターが、緩急にも対応でき、高い打率を残せるようになる。

3.トップ時のヘッドの角度が最重要
➡バットのヘッドは45～60度(写真P234)

下半身の次は上半身。もっともチェックするのが、トップに入ったときのバットヘッドの角度になる。

「前から見たときにも、横から見たときにも、バットのヘッドが45度から60度を通過しているかどうか。それ以上寝ていると高めには対応しやすいけど、低めの対応は難しい。逆に立ちすぎていると、低めにはバットが出やすくなるけど、高めにはバットが出にくい。45～60度が、あらゆるコースや高さに対応しやすいバットの角度になります」

グリップを持った手は、肩の高さと同じぐらいにしておく。これも、高低に対応するために適した位置となる。

「バットの構造を考えると、バットのヘッドが一番重たく、トップバランスになっています。

このヘッドをどのように使うかが、ボールを飛ばすためには大事なこと。そのためには、ヘッドを入れておかなければいけません。たまにヘッドを開いて（キャッチャー側に倒す）いるバッターがいますが、ボールをミートすることはできても、ヘッドの重みを使うことができないので、遠くに飛ばすことはできません」

➡トップでコックを入れる

トップではグリップが深ければ深いほど（キャッチャー寄りにあるほど）、ボールとの距離が取れるため、インパクトで強いエネルギーを加えることができる。ただし、後ろに引きすぎることで、前ヒジが伸びてしまうと、バットの振り出しが遅くなりやすい。前ヒジに緩みを感じた状態で、トップを作れるのが理想となる。

トップに入る際、佐相監督が大事にしているのが、手首の角度だ。両手首を親指側にクッと持ち上げて、コックを入れる。これは、硬式野球の指導を始めてから、意識していることだという。

「軟式を教えているときは、ほとんど意識していませんでした。硬式に移ってから実感したのが、ヘッドを利かせたバッティングをしないとボールが飛んでいかないこと。ヘッドを利かせるためには、コッキングが必要。竹刀を振り下ろしたり、金槌でクギを打ったりするイメージで、バットのヘッドを使っていく」（写真P235＝コック）
履正社・岡田監督のページでも紹介したが、金槌を打ち込むのと同じ理屈だ。コックを入れて金槌を振り上げれば、振り下ろすときにはコックがほどけて、ヘッドの重みを使うことができる。二人は日体大の先輩後輩にあたり、佐相監督が4年生のときに、岡田監督が1年生。数年前には履正社のグラウンドで練習試合をした間柄だ。バッティングに関して、表現方法こそ違うが、目指す技術は似ているところがある。
岡田監督が「佐相さんはトップで45度と言っていますが、うちはL字を作る。L字にすれば、結果的に45度に近づくと思います」と言えば、佐相監督は「履正社のバッターはトップの作り方がうまい。ヘッドの角度もいい。岡田監督がしっかり教えているんじゃないかな」と語っていた。

➡トップでは力を入れすぎない

コックを入れ、ヘッドを利かせるためには、握り方も重要になってくる。
まず、前手の甲をやや背屈させてピッチャーに向ける。甲がファルゾーンに向くと、スイングの際にどうしても前脇が開きやすくなり、下からあおるようなスイングになりやすい。２３４ページのトップの写真を見ると、手の甲がピッチャーに向いているのがよくわかるはずだ。後ろ手首は、前にも後ろにも傾けず、前腕と同じ角度に保つ。金槌を振り下ろすことを考えれば、真っすぐにしておいたほうが、コックを使いやすい。

バットの握りは、操作性を重視して指の第二関節を中心にして握る。軟式野球を指導していたときは、後ろ手は「手の平で握るパームグリップ」を推奨していたが、この握り方ではコックを入れにくいことに気づき、フィンガーグリップに変えた経緯がある。

そして、一番大事なポイントは、力を入れずに握ること。トップに入った時点で、ガチッと握っていたら、いざ振り出すときに力を入れにくくなってしまう。

「トップに入ったときに、バットの握りをどれだけ緩めておくことができるか。オフがあるから、オンがある。特に前の手は、トップから振り出しまでは親指と薬指を中心にして握り、ボールをとらえるときに小指に力を込める。小指に力を入れることによって、バットのヘッドを利かせ、ボールを押し込めるようになります」

そのイメージが、写真Ｐ２３４（＝握り方）だ。小指を握ることによって、ヘッドが押し込まれる。この動きをスイングの中に入れていく。

トップの角度

前から見たときも横から見たときも、
バットのヘッドは45 ～ 60度が理想。
あらゆるコースや高さに対応しやすい

握り方

ボールをとらえる瞬間、小指に力を入れることでバットのヘッドが利き、ボールを押し込める

コック

動

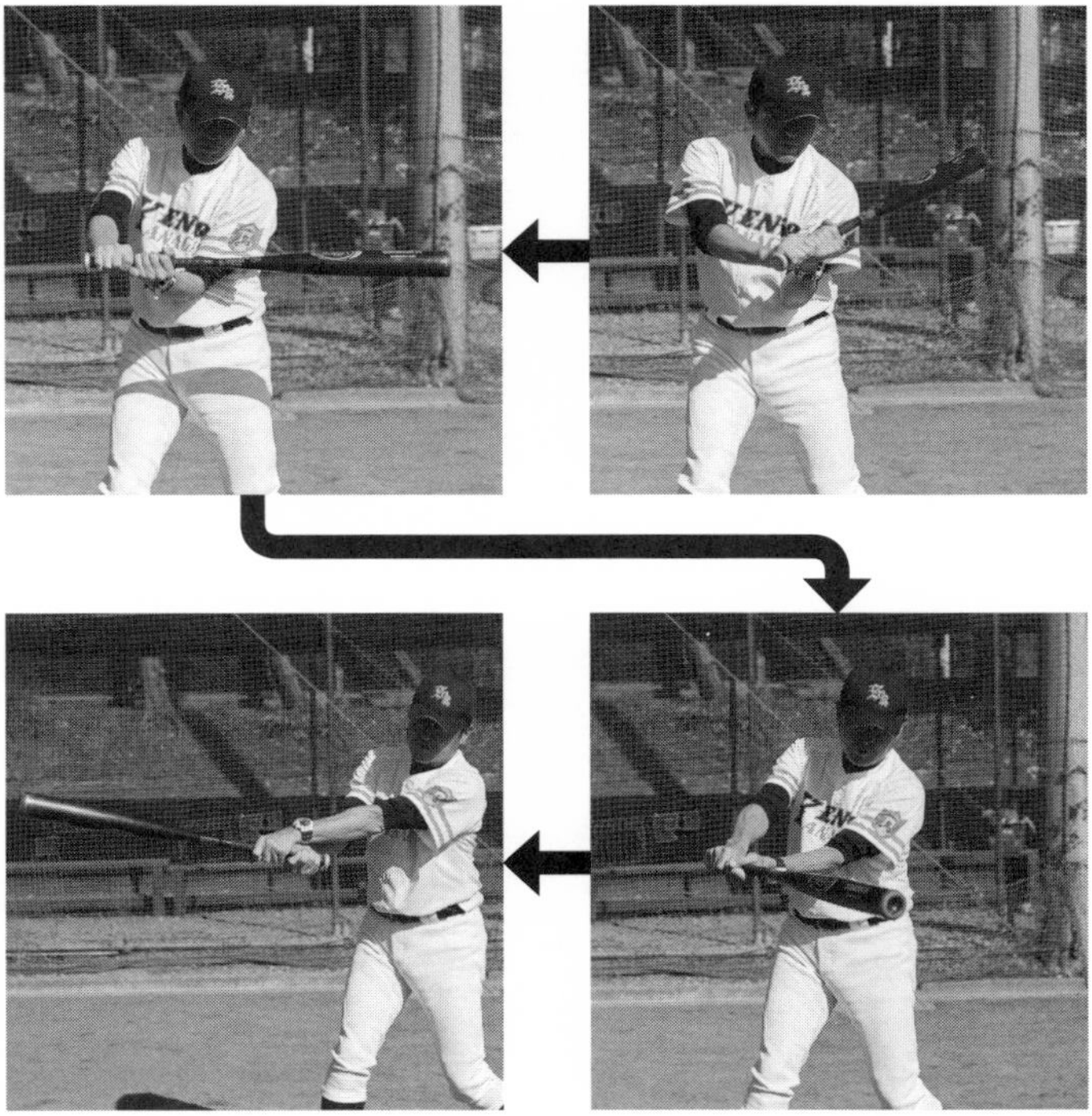

竹刀を振り下ろしたり、金槌でクギを打ったりするイメージで、バットのヘッドを使っていく

↓後ろヒジと後ろヒザを同調させる

下半身と上半身のポイントについて紹介してきたが、実際にバットを振るときには下と上の動きを合わせる必要が出てくる。それぞれが分離した状態で動いていては、強いスイングを生み出すことはできない。ならば、どのようにして動きを合わせるのか。佐相監督のアドバイスはとてもシンプルなものだ。

「下と上のタイミングを合わせるには、後ろヒジと後ろヒザを同調させるのがポイントです。一緒に動かす。ヒジとヒザを速く動かすことが、スイングスピードにもつながっていきます」

写真（P239＝後ろヒジと後ろヒザの同調）がそのお手本。ヒジとヒザが同調しているのがよくわかる。

この際、ヒジとヒザを入れる動きにつられて、前肩が開かないように注意する。前肩が同時に開いてしまうと、アウトコースに対して強いスイングができなくなってしまう。「コースによって多少の違いはあるが、グリップが体の前にくるまで、前肩の開きを我慢する」というのが、佐相監督の考え方となる。

4. コース別の対応方法
➡まずはレベルスイングを覚える

佐相監督が中学軟式で実績を残した指導者ということもあり、中学軟式界のネットワークが広く、昨年夏はレギュラー9人中6人が軟式野球部出身の選手だった。シニアやボーイズ出身者と比べると、打ち方に違いを感じるという。

「金属バットよりも芯が広い複合バットを使っている関係か、〝芯で打つ〟技術がまだ身に付いていないように感じます。あと、軟球は低めのボールを、バットの落下を使って打ったほうが、乗せて運ぶことができるので飛んでいきやすい。そのクセが付いている選手は、下からすくう軌道になっていて、真ん中や高めのレベルスイングができていない傾向にあります」

こうした課題を克服するために、真ん中のレベルスイング、高めのレベルスイングを教えることから指導を始めていく。

「これも軟式に多いクセですが、『上から叩け』『最短距離で打て』と教えられているのか、首筋からバットを出そうとする選手がいます（写真P239＝レベルスイングNG）。このバット軌道では、ボールを切ることになり、ゴロしか打てない。大事なのは、ボールのラインにバットを入れていくこと。肩関節の下からバットを振り出すことを意識させていきます（写真P239＝レベルスイングOK）」

このときも、コックを入れた状態で、振り出すことがポイントになる。

↓高めはグリップを下げて振る

「高めのレベルスイングができない選手が多い」と佐相監督。グリップがボールに向かっていき、脇が空く選手が目立つという。これではボールの力に負けてしまい、フライアウトになる可能性が高い。

「高めを打つときほど、グリップを下げなければいけません。グリップを下げることで、ヘッドがグリップよりも上にいき、高めをとらえることができる。グリップを上げてしまうと、逆にヘッドは下がってしまいます」

「高めにきた！」と思うと、ついついグリップをボールに向けてしまうが、動きとしては逆。高めこそ、グリップを下げなければいけない。

後ろヒジと後ろヒザの同調

上半身、下半身のタイミングを合わせるには後ろのヒジとヒザを一緒に動かす（同調させる）ことがポイント

レベルスイングOK

肩関節の下からバットを振り出し、ボールのラインに入れていく

レベルスイングNG

最短距離を意識しすぎて首筋からバットを出そうとしてしまう

練習ドリル②防球ネットスイング（写真P241）グリップを下げて振る

防球ネットを利用した素振りを取り入れている。防球ネットの最上部が、だいたい胸の高さにくるため、バットで上部をなぞるようにしてスイングする。グリップを上げるのではなく下げることを、体に染み込ませていく。

「高めは相手の失投。この失投をしっかりととらえてヒットできるかによって、勝敗が変わってきます。あの横浜戦は打ち損じすることなく、長打にしてくれました」

試合の映像を見返すと、グリップを下げて、レベルスイングでとらえていることがよくわかる。

➡内外角はヒジの角度で対応

インコース、アウトコースに対しては、ヒジの角度を変えることで対応する。

写真P244、245（＝インコース／アウトコース）が、キャッチャー側から見たときのヒジの角度だ。インコースほど、ヒジの角度が鋭角になっているのがわかると思う。

「ヒジをヘソに近づけていくのは、インコースほど近い。投球の軌道を見て、インコースだ

防球ネットスイング

動

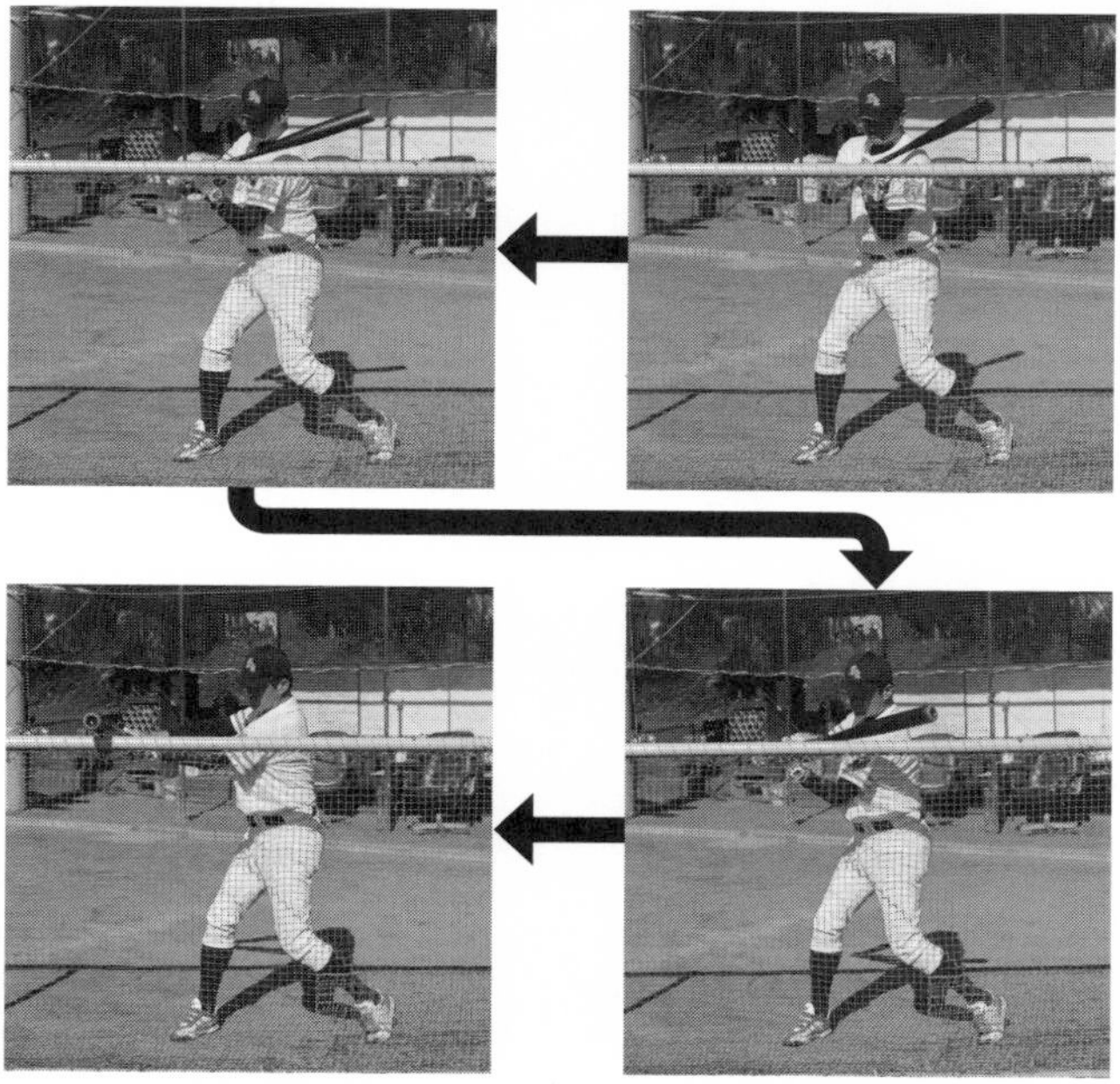

防球ネットの上部をなぞるようにスイングする。グリップを上げるのではなく下げることを意識する

と思えばヒジの角度を狭めて、アウトコースだとわかれば角度を広げる。アウトコースは、ボールまでの距離が必要になるので、後ろの肩甲骨を外転させ、投げ出すようにしてバットを出していきます」

肩甲骨の外転がうまく使われるように、リラックスしたフラットな状態で構えておく必要があるのは、構えのところで記したとおりである。

⬇インコースは前ヒジを外側に抜く

インコースに関しては、アウトコースとはまた違った特殊なヒジの使い方が必要になる。

「インコースを苦手にしているバッターが多いですが、それは長いバットを扱えていないから。バットの長さを考えたときに、アウトコースと同じようにインコースを振ってしまうと、確実に根元で打つことになります。できるだけ、バットの芯を体に近づけていかなければ、芯でボールをとらえることができません」

後ろヒジの角度を鋭角にするとともに、前腕の使い方がカギを握る。

「前ヒジを体の外側に抜くことによって、バットの芯を体の近くにずらすことができます（写真P249=ヒジを抜く）。両脇を締めて、インコースに対応する打ち方もありますが、これは高校生には難しい。ヒジを抜いた打ち方のほうが、高校生は身に付けやすいと思います」

この打ち方をするには、条件がひとつある。それは、２３３ページで説明した前手の握り方だ。

「前の手を5本指でしっかり握ってしまうと、ヒジをうまく抜くことができません。抜くためには、小指の力を抜いて、薬指と親指を中心にして握っておくことです」

インコースが苦手な選手は、バットの握り方から見つめ直してみるといいかもしれない。

⬇インコースは中心軸で回る

もうひとつ、少々高度な技になるが、コースによる回転軸の違いまで指導している。

「インコースに対しては骨盤の中心が軸となり、真ん中・アウトコースは前骨盤（ピッチャー寄り）が軸。インコースまで前骨盤で回ろうとすると、ボールとの距離が取れなくなり、窮屈なスイングになってしまいます」

体の中心で回るか、踏み込んだ前足の股関節を軸にして回るか、という話だ。感覚的な話になるが、体の近くにボールがきたときには、体の中心でクルッと回ったほうが、ボールとの距離を取りやすくなる。

インコース

動

インコースの場合はヒジの角度を狭めて打つ

アウトコース

動

アウトコースはヒジの角度を広げて打つ。ボールまでの距離が
必要なので、後ろの肩甲骨を投げ出すようなイメージで

さらに付け加えると、骨盤の使い方は、後ろヒザの動きとも連動する。「後ろヒザを斜め下方向に送る」を基本としたうえで、コースによって微調整が必要になっていく。「右バッターがアウトコースを打とうとするのなら、後ろヒザはライト方向に向くほうが自然。ヒザの方向と打球の方向を一致させたほうが、強いスイングをしやすくなります」

インコースの場合は、後ろヒザをレフト方向に送るわけにはいかないので、ピッチャー方向に送っていく。

練習ドリル③打ち分けティー（写真P249）コースに適した体の使い方

内外角に対応したバッティングを覚えるために、中学生を教えているときから取り入れているのが「打ち分けティー」だ。コの字型のティーネット（特注）を二枚合わせることによって、バッターの正面にボールを投げ入れる空間ができる。投げ手はこの空間から内外角にトスを入れ、ネットの後ろに隠れる。こうすれば、正面からのトスを何度も打ち込め、投げ手にボールが当たる心配もなくなる。

取材中、アウトコースを踏み込んで打ちにいったバッターに対して、佐相監督はこんなアドバイスを送っていた。

「試合で踏み込んで狙いにいけるケースなんてほとんどない。それだと、練習のための練習になる。真っすぐ踏み込んだ中で、アウトコースもインコースもとらえられなければいけない。ステップの位置は変えないように」

当然、狙い打つ技術も必要だが、そこまで配球を読めるケースはめったにあるものではない。真っすぐステップする中で、後ろヒジ・後ろヒザの使い方を磨いていく。

5. 実戦で結果を出すための技術
➡「割れ」と「割れ」を合わせる

ほかの章でも取り上げているが、実戦でヒットを打つには、タイミングが重要になる。バッターのタイミングを外そうとしてくるピッチャーに対して、いかに自分の間合いで打つことができるか。

「選手に言っているのは、ピッチャーの割れと自分の割れを合わせること。どんな変則のピッチャーでも、グラブから手が離れていく動きがあります。その動きに合わせて、バッターも手を後ろに引いて、テイクバックを取る。ここを合わせておけば、トップに入るのが遅れることもないと思います」

ワインドアップでもクイックでも、グラブから手が離れていく瞬間はたしかにある。バッターも、その割れに合わせて動作を起こすことによって、立ち遅れを防ぐことができる。

➡立ち位置を工夫する

昨夏、横浜を下したときには、2年生の松本隆之介、3年生の及川雅貴と、二人の注目左腕から得点を奪った。

「左腕に対する苦手意識はありません。左腕は、バッターボックスの立ち方を変えるだけで、ボールが見やすくなります」

右腕と左腕では球の角度がまったく違う。左腕と対戦する機会は少ないだけに、右腕と同じように立っていたら、「何か違う……」と違和感を覚えている間に、試合は進んでしまう。

「横浜と対戦したときもそうですが、左ピッチャーのときは立ち位置を変えさせています。右バッターはややクロスに構えて、左バッターはややオープンに構える。これによって、ボールの軌道が見やすくなります。左バッターは軸足となる左足をホームベースに近づけるのがポイントで、ここが離れてしまうと、外に逃げる球が遠く感じてしまう。オープンに構えたところから、スクエアに踏み込むようにしています」

右サイドスローと対戦するときは、右バッターはややオープンに開き、左バッターは少

打ち分けティー

特注のコの字型ネットからボールを投げ入れ、内外角のボールを左右へと打ち分ける。ステップ位置は変えずに打つことことがポイント

ヒジを抜く

インコースを打つときは前ヒジを体の外側に抜くことによって、バットの芯を体の近くにずらすことができる

しだけクロスに構える。立ち位置を工夫することで、さまざまなタイプのピッチャーに対応できるようになる。

⬇速球派には軸足のヒザを入れる

横浜戦では、もうひとつ細かな変化を加えていた。

「構えたときに、軸足のヒザを少しだけ内側に入れさせていました。昨年から、速球派対策として取り組んだことで、トップからインパクトまで持っていくスピードが速くなり、速球に振り遅れないようになりました」

通常のピッチャーであれば、ヒザが真っすぐ立った状態で構えておくのだが、ストレートが速いピッチャーのときはわずかに内側に入れる。バットを振る力が少し弱くなるが、インパクトまでの時間を短くすることができる。

⬇自分自身を客観視する

2018年から、メンタルトレーニングを導入している県相模原。メンタルトレーナーとして活躍する東篤志氏のアドバイスのもと、さまざまな取り組みをしている。そのひとつが、試合中の架空実況中継だ。

「試合でもっとも大事なことは、過去に起きたミスや、まだ起きていない未来の不安をすべて断ち切って、目の前のやるべきことに集中することです。取り入れているのが、ドローンのように上空から客観的に、冷静な目で、自分自身を見つめること。そのうえで、ラジオやテレビのアナウンサーになりきり、心の中で実況中継をして、打席に入る。ピッチャーがモーションを起こしたときは、ボールだけに集中して、〝無〟の状態になれるのが理想です」

雑念を消して、ピッチャーにどれだけ集中できるか。チャンスの場面でも、冷静な精神状態を作っておくことが、練習の成果を発揮することにつながっていく。

6.「柔軟性」と「強化」は年間通して継続 ➡ストレッチで自分の体と対話する

「心技体」とはスポーツの世界でよく聞く話だが、佐相監督に重要度を挙げてもらうと、「技と体を同時に鍛えて、最後に心を乗せていく。心だけ鍛えても強くはなれない」という答えだった。技はこれまで語ってきたとおりとなるが、同時並行で体を鍛えていく。

「トレーニングは年間通して行うことが大事になります。理論が頭でわかっても、それを体現できる筋力や関節の柔軟性がなければ、本当の意味での技術は身に付いていきません」

日々の練習の最初に取り組んでいるのが、柔軟性を高めるストレッチだ。股関節（写真P254）、肩甲骨を中心に、体をほぐしていく。

「疲労がたまってくると、関節の可動域も狭くなってきます。たとえば、肩甲骨の動きが悪ければ、いつもよりトップの位置が浅くなることもあるわけです。試合のときに『何かしっくりこないな』と感じるようでは、準備不足。毎日のストレッチのときから、自分の体と対話していれば、体の状態を敏感に察知できるようになります」

上と下を連動させたり、捻りを入れたり、野球の動きにつながるメニューを行っているのが特徴だ。その一部を動画でも紹介しているので、ぜひ確認を。

⬇鍛える部位を変える

トレーニングは、「同じ部位を2日続けない」を鉄則にして、バラエティーに富んだメニューを組む。上半身の日、下半身の日、体の裏側を鍛える日、ダッシュ系で瞬発力を磨く日と、1日ごとにテーマを設定して、数日間かけて全身を鍛えていく。

「動的トレーニングを重要視しています。負荷をかけた状態で、動きながら体を鍛えていく。動きの中でどれだけ出力を発揮できるかに主眼を置いています」

パワーポジションからのタイヤ起こし（写真P２５４）や、ボールを足に挟んでの足上げ腹筋など、無数のメニューがある。冬場は１時間ほどのサーキットニューを組み、体を鍛えると同時に、精神力も鍛えていく。

県相模原に異動して、今年で9年目を迎える。選手たちと関わる中で一番驚いたのが、「3年生の春から夏にかけて、またさらに成長する」ということだった。一般的には3年生の5月ぐらいに夏のメンバーが見えてくるものだが、そこからでもググッと伸びていくのが、「この子たちの強み」と言う。

「個人個人で目標を掲げて、そこに向かって努力を続けている証です。指導者としては、とても嬉しいこと。こっちが厳しいことを言わなくても、自分たちで追い込むことができる子たちです」

新型コロナウイルスの関係で、この春は全体練習ができていない。その中でも、選手が自主的に、佐相監督にバッティング動画を送るなどして、できる範囲の中で技術を高め、成長を遂げている。自慢のバッティングを磨き上げ、勝負の夏へ挑む。

動

股関節

疲労がたまってくると関節の可動域も狭くなってくるので、
毎日のストレッチで柔軟性を高めておく

サーキットメニュー

パワーポジションからのタイヤ起こしなど、無数のメニューを組み合わせたサーキットメニューを行い、体と精神力を鍛える

元読売ジャイアンツ スコアラー

三井康浩

「スコアラー視点で見るピッチャー攻略法」

みつい・やすひろ
1961年1月19日生まれ、島根県出身。出雲西高校から1979年に読売ジャイアンツに入団（ドラフト外）。1984年に現役を引退すると、二軍マネージャーを経て1986年から2007年まで一軍スコアラーを務める。その後、査定室長、統括ディレクター、編成本部参与などを経て2018年末にジャイアンツを退団。

相手ピッチャー、試合状況などから「確率」を導き出して攻略する

読売ジャイアンツのスコアラーとして22年間（1986年～2007年）、チームの勝利のために戦い続けた三井康浩氏。2009年の第2回WBCではチーフスコアラーを務め、世界一に貢献した。プロのスコアラーは何を見て、どんな情報を手に入れ、どう伝えているのか。情報が的確であればあるほど、バッターは狙いを絞ることができる。『ザ・スコアラー』（角川新書／2020年2月発売）の著者でもある三井氏に、ピッチャーを攻略するための観察法、分析法を語ってもらった。

まずはキレとコントロールの確認
キレのある球ほど前でとらえる

――本書のテーマは「打撃技術の極意」です。長年、スコアラーとして数多くの選手を見てきた三井さんに、ピッチャーの分析方法をお聞きできればと思います。「投手分析」と考えた際、どのような優先順位で情報を集めていくのでしょうか。

三井　まず重視するのは、ボールのキレとコントロールです。この2つがどの程度のものかによって、攻略法が変わってきます。

――「ボールのキレ」は抽象的な表現になりますが、何を判断基準にしていますか。

三井　一番判断しやすいのが、低めのストレートです。キレのあるピッチャーは、低めが垂れずに伸びてくる。これはバッターの反応を見てもわかることで、タイミングが合っているのに、空振りになったり、ネット裏へのファウルになったりします。

――球速表示とは関係ないわけですね。

三井　私は、スピードガンの球速はほとんどアテにしていません。150キロ投げていても、簡単に打たれるピッチャーもいれば、140キロ前半のストレートでも空振りを取れるピッチャーがいますから。ひと昔前であれば、巨人で活躍した桑田真澄や、2018年に現役を引退した杉内俊哉（巨人二軍投手コーチ）、現役であればソフトバンクの和田毅が、球速表示以上のキレを感じるタイプです。杉内、和田の場合は、ストレートが130キロ台後半のときは攻略できましたが、140キロ台前半が出ているときはほぼお手上げ状態でした。

――変化球のキレに関しては、どんな視点で見ているのでしょうか。

三井　バッターの崩され方を見ます。キレのいい変化球の場合は、いつもよりも崩された空振りをしたり、手が出ずに反応できなかったりするものです。

――「リリースが見にくいピッチャーはタイミングが取りにくい」という話も聞きますが、投げ方は関係してくるのでしょうか。

三井　それはあります。杉内、和田がわかりやすい例ですが、テイクバックが体の後ろに隠れているので、バッターからすると、リリースのときにいきなりピュッとボールが見えてくる感じになります。そのため、余計にキレがあるように感じるのです。

――タイミングを取るのが遅れて、ストレートにも差し込まれやすくなりますね。

三井　あとは、アーム投げか、ヒジのしなりを使えているかも、大きく関わってきます。アーム式はどれだけスピードが速くても、プロのレベルでは打たれます。バッターからすると、ボールがずっと見えているので、タイミングを取りやすくなります。名前を出すのも申し訳ないですが、巨人のリリーフで投げていた西山一宇（巨人スコアラー）がその典型的な例でした。155キロを投げていても打たれていましたから。十数年前に、「大学BIG3」と騒がれて、東都大学リーグで活躍していた速球派右腕がいましたが、スカウトが高評価を与える中でも、私は「プロでは難しい」と言っていました。ヒジの使い方はなかなか変えられないところなので、アーム式はバッターのレベルが高くなるほど苦労します。スライダーのコントロールも悪かったですしね。

——投げているボール自体はよくても、タイミングを取りやすいフォームであれば、プロは対応してくるわけですね。

三井　私は2011年7月から、編成部として外国人選手を獲得する仕事をしていましたが、そのときも、ヒジがしなるかどうかをひとつの判断基準にしていました。たとえ、160キロ近いストレートを投げるとしても、アーム式には魅力を感じません。一目見て、すぐに「日本で活躍できる！」と確信したのが、マイルズ・マイコラス（セントルイス・カージナルス）です。身長がある（196センチ）うえに、ヒジがしなっていて、かつ独特の間がある。左足を上げてから着地するまでの時間が、ほかのピッチャーよりも少し長かったのです。

――実際に、キレがあるピッチャーと戦うときには、どのような攻略法が求められるのでしょうか。

三井 表現は難しいですが、しっかりとボールを呼び込んだうえで、前（ピッチャー寄り）で打つ。呼び込んで、手元まで引き付けて打とうとすると、ファウルやドン詰まりの内野ゴロになるので、前でとらえる意識を持ったほうがいい。変化球は泳いでもいいので、曲がりっぱなを打つぐらいの感じでイメージしておかなければ、ストレートに差し込まれてしまいます。

ボール球を投げることの重要性
球種は「球速帯」で分けて考える

――2つ目のポイントとなるコントロールについても、教えてください。

三井 主に見ているのは次の3点です。勝負にいくカウントでストライクが取れるか、ボールにすべきところでボール球を投げられるか、際どいゾーンの出し入れができるかどうか。ストライクが取れるのは当然のことですが、意外に見落とされがちなのが、ボール球を投げる技術です。明らかなボール球ではなく、ギリギリのコースを突ければ、なお良い。さきほど紹介したマイコラスは、来日前からボール球を投げることを苦にしないピッチャーでした。それもまた、彼に魅力を感じたひとつの理由です。

——外国人投手は、ホームベース上でガンガン勝負するイメージがあります。

三井　ボール球を投げるのを嫌うピッチャーが多いですね。おそらく、球数による交代が関係していると思います。〝無駄な〟ボール球を投げると、球数が増えて、早く交代しないといけない。でも、日本のような配球に意味があるとわかれば、ボール球が〝無駄〟ではないと理解できるようになります。ストライクだけ投げていたら、間違いなく打たれますから。マイコラスが、巨人でプレーしたあとにメジャーリーグで活躍（２０１８年に18勝）できたのは、日本でボール球を投げる意味を学んだことも、関係していると思います。

——ボール球の重要性は、高校生にも言えることですね。

三井　高校生のうちはストライクで勝負できるかもしれませんが、大学、社会人、プロとレベルが上がっていけば、ボール球の重要性が間違いなく増していきます。今のうちから、意識を持って練習しておいてほしいですね。

——ストライク、ボールを投げるにしても、球種が多ければ多いほど、攻略が難しくなるのでしょうか。

三井 ピッチャーとバッターでは、球種に対する考え方が違います。今は『トラックマン』があれば、どれだけの球種を投げているかがすぐにわかります。しかし、実際に6種類投げていたとしても、バッターが攻略する視点に立つと、6種類すべてを頭に入れるのは無理がある。分けるとしたら、3つまでです。

――「半分は捨てる」という意味ですか?

三井 球速の問題です。「イチ・ニ・サン」で打つのがストレートやツーシーム、カットボール、「イチ・ニ・ノー・サン」でとらえるのがシュート、スライダー、フォーク、チェンジアップ、「イチ・ニ・ノーー・サン」で対応するのがカーブ。変化の仕方ではなく、球速によって、対応が変わるということです。だいたい、ピッチャーの手からボールが離れて、バッターに届くまでの秒数は0・4秒~0・5秒。わずか0・1秒の時間の中で、球種をひとつひとつ分けて対応するには無理があります。

――球種ではなく、「球速帯」が重要ということですね。

三井 そうなります。細かく言えば、ピッチャーひとりひとりによって考え方は変わってきます。スライダーとカットボールを同じように考えられるピッチャーもいれば、ストレートとカットボールをセットにしたほうがいいピッチャーもいるわけです。たとえば、中日で活躍した川上憲伸のカットボールは、左打者の内側にストレートと同じようなスピードで食い込んでくる。「イチ・ニ・ノー・サン」で対応しようとしたらドン詰まりになるので、「イチ・ニ・サン」とストレートと同じタイミングで打ちにいかなければ対応できません。

——そう考えると、『トラックマン』ですべてが細かくわかることは、バッターからすると必ずしもいいことではないのかもしれませんね。

三井　すべてを伝えたら、バッターは迷ってしまいます。『トラックマン』は自チームのピッチャーの回転軸や回転数を調べて、好不調をはかる機器として活用できると思います。

——ピッチャーにしても、6種類すべての質が高いというのは稀ですよね。

三井　いないですね。エース級で3球種。ストライクを取れる、ボール球を投げられる、出し入れができる。3球種でこれができるピッチャーが、チームに2人でもいたら強いですよ。

ピッチャーの得意球を把握する相手にどう見られているかを考える

——実際、試合前にはどのような形で狙い球を絞っていくのでしょうか。

三井　カウント別の球種割合なども出しますが、全体で「これを狙っていこう」と伝えることはほとんどありません。1番打者から8番打者（9番は投手）まで、ひとりひとりに対して、「今日はこれを狙おう」と話していました。ただし、代打に出る選手の場合は別です。中継ぎや抑えは短いイニングなので、自分の得意なボールを中心に攻めてきます。ストレートが得意ならストレートで押してくる。その分、対策は立てやすかったので、代打陣にはまとめて伝えることが多かったです。

――先発投手の狙い球を決めるときには、どんな優先順位がありますか。

三井 リリーフ陣と同じですが、そのピッチャーの得意球を知ることとです。そのうえで、バッターが得意なコースを考慮しながら、狙い球を考えていきます。たとえば、坂本勇人は右投手の外のスライダーを打つことが得意。今日の先発右腕が、外のスライダーが武器だとしても、坂本が外を得意なのはわかっているので、投げるとしたらストライクゾーンではなく、ボールゾーンに投げてくる可能性があります。そうなると、どこでストライクを取るのか。外のボールゾーンを振らせるためには、インコースのストレートが必要になる。それならば、「若いカウントでは、ストライクを取りにくるインコースを狙っていこう」となるわけです。インコースをファウルにして追い込まれたあとは、ピッチャーの武器である外のスライダーを使ってくる可能性が高い。そのときには、「外に絞って逆方向に意識を置こう」と伝えます。

――自分自身が相手バッテリーにどう見られているかが、大事になるわけですね。ストレートが打てないと思われていれば、ストレートでどんどん攻めてくるでしょうし。

三井　わかりやすいのが、松井秀喜（元ニューヨーク・ヤンキースなど）のような強打者です。いきなり、ストレートで勝負してくることは少ない。変化球から入ってくることが多いので、緩い球に絞ることもありました。

ランナーの状況によって狙い球は変わる狙い球が外れたときには素直に謝る

――1試合と考えると、4～5打席ありますが、その中で狙い球はどのように変えていくのでしょうか。

三井　スコアラーからすると、1巡目が終わってからが勝負です。私の場合は1打席終わるごとに、ベンチの中で「次はこうだぞ」と声をかけていました。よく、5回を終わったあとに、グラウンド整備の時間を使って円陣を組むチームがありますが、あれにはほとんど意味がありません。1巡目が終わったところで、試合前に集めた情報と、今日の情報を照らし合わせて、2巡目以降の攻め方を考えなければいけませんから。

――5回が終わったあとでは遅いと。

三井　そういうことになります。

――狙い球を変えていくのはどんなときですか。

三井　それは、状況によって変わってきます。1995年のシーズンからはベンチに入って、スコアラーを務めていたこともあり、試合中に選手がよく聞きにきました。得点圏になると、バッターは弱気になりがちなので、「何を狙っていけばいいですか?」と私の元に来るんです。

――得点圏で弱気になるんですか? 逆に強気になるのだと思っていました。

三井　「おれが打てなかったらどうしよう」と思ってしまうんです。そこで、狙い球を明確にして、「ヒーローになるチャンスだから、思い切っていけ!」と背中を押します。

――「得点圏になると配球が変わる」とも聞きますが、バッターとしてはどんなことを考えればいいのでしょうか。

三井　アウトカウントにもよりますが、ランナー二塁でもっとも打たれたくないのはタイムリーヒット。ヒットを打たれたくないとなれば、相手が考えるのは、ゴロを打たせるための配球です。スライダーが得意ならスライダー系、落ちる球が得意なら落ちる系。特に、決め球でこのあたりの球種を使ってくる傾向があります。

――相手バッテリーが「何を一番嫌がっているか」を考えることで、配球を読むことができると。

三井　これが、ランナー三塁になると、また考え方が変わってきます。ノーアウトやワンアウトで、僅差の展開であれば、外野フライを打たれたくない配球をします。シュートを持っていれば、高めに食い込むシュートで詰まらせる、あるいはインコースを見せたあとの逃げる球でゴロを打たせる。落ちる球があれば、三振を取るための配球をしてきます。一塁が空いているのなら、フルカウントからでもボールになる速い変化球を投げてくる。腕を振ってフォークを投げられたら、バッターはどうしても手が出てしまいます。

――3ボール2ストライクだけに余計に、振ってしまいますね。

三井　昔は、3ボール2ストライクの場面ではほとんどがストレートでした。球種が絞れるため、野村克也さんも「フルカウントはバッターが有利」とおっしゃっていました。でも、最近のピッチャーはレベルが上がってきていて、フルカウントからでも平気で変化球を投げてくる。フルカウントはバッター有利ではなく、ピッチャー有利になっていると感じます。

――シチュエーションとしてはもっとも多い、ランナー一塁の場合はどうですか。

三井　バッテリーが一番欲しいのはダブルプレーです。そうなると、ゴロを打たせたい。右対右で、シュート系を持っているピッチャーなら、シュートやツーシームで内側を攻めてくると予想できます。ホームベースから半歩ほど離れて、あえてインコースを狙うか、あるいはインコースが苦手なバッターであればインコースは完全に消すか。バッターのタイプで変わってくることなので、個別のアドバイスが必要になってきます。

――結構、はっきりと狙い球を伝えるんですね。

三井 はっきりと言います。曖昧にすると、選手が迷いますから。たとえ打てなかったとしても、「これでいこう」と言い切るようにしていました。

――でも……、100パーセント合うことはないわけですよね。

三井 ありません。そのときは、翌日のミーティングで「ごめんな」と必ず謝っていました。

――謝るんですね！

三井 謝りますね。そうしないと、信頼を無くしますから。正直言えば、野手8人に狙い球を伝えて、そのうち4人が当たれば勝てると思っていましたから。すべてが当たることはありません。

――バッターからすると、〝心の御守り〟みたいなところはあるのかもしれませんね。

三井 バッターにしても、狙い球を聞いて、腹をくれるところはあると思います。

得意球を狙うか、あるいは捨てるか
得意球を狙い打ち韓国のエースを攻略

――第2回WBCではチーフスコアラーを担当されていました。巨人と侍ジャパンで、考え方を変えたことはありますか。

三井　ジャイアンツのときは個々に狙い球を伝えていましたが、国際試合のときはチーム単位で狙い球を決めていました。なぜなら、何度も対戦するペナントレースと違って、相手ピッチャーの細かなところまでは、わからないからです。相手も、日本のバッターの特徴をすべて把握しているわけではありません。

――ある意味、細かく考えすぎないほうがいいと。

三井　はい、狙い球の考え方はシンプルに「得意球を狙うか、捨てるか」。思い出すのが、WBCの第1ラウンド、2戦目の韓国戦です。先発は、韓国の若きエース、キム・グァンヒョンでした。キムとは半年前に行われた北京五輪で2度対戦するも、一次リーグで6回途中1得点、準決勝で8回2得点と、攻略には至りませんでした。150キロを超えるストレートと、タテに鋭く変化するスライダーが武器で、北京五輪ではストレートを狙いに行くも、球の力に押されて仕留めきれず。そこにスライダーを混ぜられて、手玉に取られました。

――WBCが3度目の対戦となりました。

三井 原辰徳監督から、「三井、攻略法決まったか?」と聞かれて、「スライダーを狙わせます」と答えました。得意球のスライダーをあえて狙いにいくわけです。選手には、「ストレートには目を触れないでいいから、スライダーだけを狙っていこう」と伝えました。初回、イチロー(シアトル・マリナーズ、現マリナーズ会長付特別補佐兼インストラクター)が甘いストレートを見逃したあと、2球目のスライダーをとらえて、ライト前ヒット。続く、中島宏之(裕之/西武、現巨人)も3球目のスライダーを打って、センター前。三番・青木宣親(ヤクルト)は初球の浮いたスライダーを逃さずにミートし、先制のタイムリーヒット。さらには、六番・内川聖一(横浜、現ソフトバンク)がこれまたスライダーを打っての2点タイムリー。2回にはイチローのセーフティバントで満塁のチャンスを作ると、村田修一(横浜、現巨人二軍コーチ)がチェンジアップをすくいあげ、勝負を決める満塁ホームラン。序盤、得意のスライダーが打たれたことによって、キムは崩れていきました。

――これまでの試合で抑えていた分、精神的なダメージも大きかったのでしょうね。

三井 あとで聞いたことですが、韓国側はスライダーのクセがばれていると思っていたようです。勝手に、疑心暗鬼になっていた。じつは、クセを見破るのが大好きなのが、日本と韓国です。好きだからこそ、自分たちが攻略されると、「クセがバレているんじゃないか?」と疑い始めるのです。

――それは興味深い心理ですね。

三井 ジャイアンツのピッチャーの中にも、打たれ始めると「クセがバレている」と自分を疑う選手がいました。「大丈夫、バレていないから」と言っても、本人はなかなかそう思えないものです。

手首の角度の違いで球種がわかる両足のスタンスでけん制の有無が見える

――プロのトップ選手でも、何かしらのクセは出るものですか。

三井 今のNPBでは、クセに対する意識が高いので、一軍クラスのピッチャーはほとんど出ません。メジャーリーグであれば、テレビを見ているだけでわかるときもありますが。日本のプロ野球は、このあたりは本当にしっかりしています。

――クセが出やすいとしたら、どんなところに出るのでしょうか。

三井 セットポジションのとき、ボールを持ったほうの手首の角度に出てきます。わかりやすいのがフォークのように、ボールを挟む球種。奥まで手を入れなければいけないため、バッターから見たときに、ストレートとは手首の見え方が変わる。もっとわかりやすいところでは、足を上げたときに、ストレートと変化球では表情が違うピッチャーもいます。

――当然、クセがわかれば、打者有利になりますね。

三井 クセに関しては、「どこでわかるか」が重要です。足が上がるまでの間に出るクセであれば、対応できます。選手には、「カーブのときはこう、ストレートのときはこうではなくて、ストレートを狙うのならストレートのクセだけ見ておくように」と指示を出していきます。短い時間での判断になるので、両方を追いかけていたら、どちらにも反応できなくなります。

――「二兎を追わない」ということですね。

三井 そういうことですね。

――けん制時のクセに関してはどうでしょうか。

三井 球種よりもけん制のクセのほうが、わかりやすいと思います。一番出るのは、足の幅です。セットポジションに入ったとき、ホームに投げるときとけん制のときでは、足幅が微妙に違う。クイックで速く投げたいと思うと、歩幅が少し広くなる傾向にあります。あとは右ピッチャーであれば、けん制を投げたいときに左足のつまさきが開き気味だったり、軸足のお尻の部分にシワが寄ったりするなど、何らかの変化が見えます。

——クセにつながるかもしれませんが、ランナーが出たらイライラしたり、落ち着きがなくなったりするピッチャーもいると思います。

三井　こういうタイプには、リードを大きく取って、プレッシャーをかけるのが効果的です。同じWBCの話ですが、この攻め方が功を奏したのがキューバの剛腕・チャップマン（現ニューヨーク・ヤンキース）のときでした。一塁ランナーには「アウトになってもいいから、動くように」と伝えていました。それで、小笠原道大（巨人、現日本ハム一軍ヘッドコーチ）がけん制でアウトになったこともあったのですが、ひとりでイライラして、コントロールが荒れていました。

——左投手だと、一塁ランナーのリードが見える分、余計に気になるでしょうね。

三井　チャップマンに関しては、高めのストレートに手を出さないことが大きなテーマでした。そこを見逃すことができるか。振ってしまえば、コントロールに不安があるチャップマンを助けることになる。選手に伝えたのは、「高めを振ったら絶対に打てないから、低めだけを狙って行こう」。そこで付け加えたのが、帽子のツバを下げて、目線を下げることです。

——たまに聞く攻略法ですが、それだけで変わるものですか？

三井　変わりません（笑）。気持ちの問題です。バッターに「高めを打つな」と言うと、高めを余計に意識してしまうので、「低めを打っていこう！」と意識を低めに持っていきたいのです。ツバを下げることによって、低めに意識が向きやすくなります。

ホームベースを五分割して狙いを絞る 横の揺さぶりには二分割で対応する

――コースに関しては、どのようなやり方で狙いを絞っていくのでしょうか。

三井　ホームベースの横幅を五分割して、インコースから1、2、3、4、5と番号を振っていきます。この数字を元にして、ピッチャーの特徴を見ながら、「甘いボールが3、4に集まるから、1、2は捨てて、3、4を狙っていこう。追い込まれるまでは、5も捨てること」と指示を出します。

――球種に限らず、ですか？

三井　すべての球種に対して、ですね。ピッチャーが投じたコースを調べていると、「だいたい、このへんに集まってくる」というコースがわかってきます。大事なのは、変化球の曲がり幅を数字で示していくことです。ヤクルトで活躍した伊藤智仁（東北楽天一軍投手チーフコーチ）のスライダーは曲がり幅が大きく、2から4・5（4と5の間）に曲がる。

こうやって数字で伝えていけば、バッターもイメージがしやすくなります。
――その軌道を見極めるのが、三井さんの腕の見せ所になるわけですね。もし、伊藤智仁投手を攻略するとなったら何を考えるのですか。

三井 スライダーを狙うのであれば、打席の前のほうに立って、曲がりっぱなの2を狙っていく。前でさばくぐらいの意識で、ちょうどいいと思います。後ろに立つのなら、曲がってくる4と5の間とところに目付けをしておきたい。ここで大事なのは、打席内でボールが通過する場所をしっかりとイメージすることです。2を狙うのであれば、2にスライダーがくることをイメージしたうえでボールを待つ。何となく打席に入っていたら、攻略はできません。

――中日のクローザー・岩瀬仁紀投手のスライダーも曲がり幅が大きかった印象があります。

三井 岩瀬に関しては、カットボールですね。攻略法は「どこを捨てて、どこを狙うか」。右打者には、「2から曲がってくるカットは捨てて、カウントを取りにくる5から4のカットボールを狙うように」と指示をしていました。前さばきがうまいバッターなら、思い切り引っ張って左中間を狙い、ライトを狙うのが得意であれば、引き付けて逆方向を狙う。

――どのゾーンを狙うかという目付けが大事になってくるのですね。

三井 1～5すべてに対応しようとするのは、プロのレベルでは無理があります。狙いを明確にして、そこに目付けをしておくことです。

――やはり、内外角に散らされるほうが、攻略は難しくなるのでしょうか。

三井 横の揺さぶりで勝負するピッチャーであれば、ホームベースをインコースとアウトコースの二分割に分けて、対応することもあります。たとえば、ヤクルトで活躍した川崎憲次郎はシュートを得意にしていました。右バッターは「シュートを捨てて」と言っても、どうしても手が出てしまう。それだけ、ストレートと同じようなキレがあったのです。このレベルのピッチャーには、「インコースはすべて捨てる」とはっきりさせるか、打席の立ち位置をホームベースから少し離して、あえて「インコースだけ狙う」の二択になります。インコースもアウトコースも考えていたら、両方ともに打てなくなります。

――ある種の割り切りが必要になると。

三井 WBCで対戦した中には、3、4、5、6（外のボール球）しか投げてこないピッチャーがいました。つまり、インコースが1球もない。こうなると、攻略を考えるほうとしては楽になります。実際にやったのは、ホームベースにくっついて、1～3は捨てて、4～6

■ストライクゾーンは五分割で考える

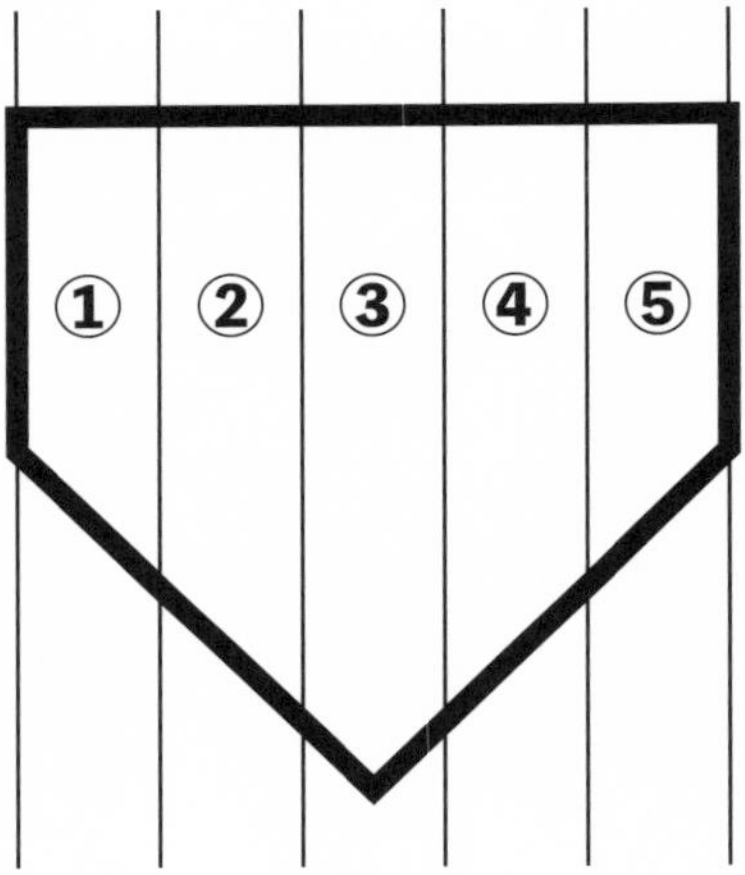

ホームベースを五分割に分けて番号を振り、どの番号を待つか、どの番号は捨てるかなどを指示すれば、バッターも狙うコースがより明確にイメージできる

■岩瀬仁紀の攻略例のイメージ

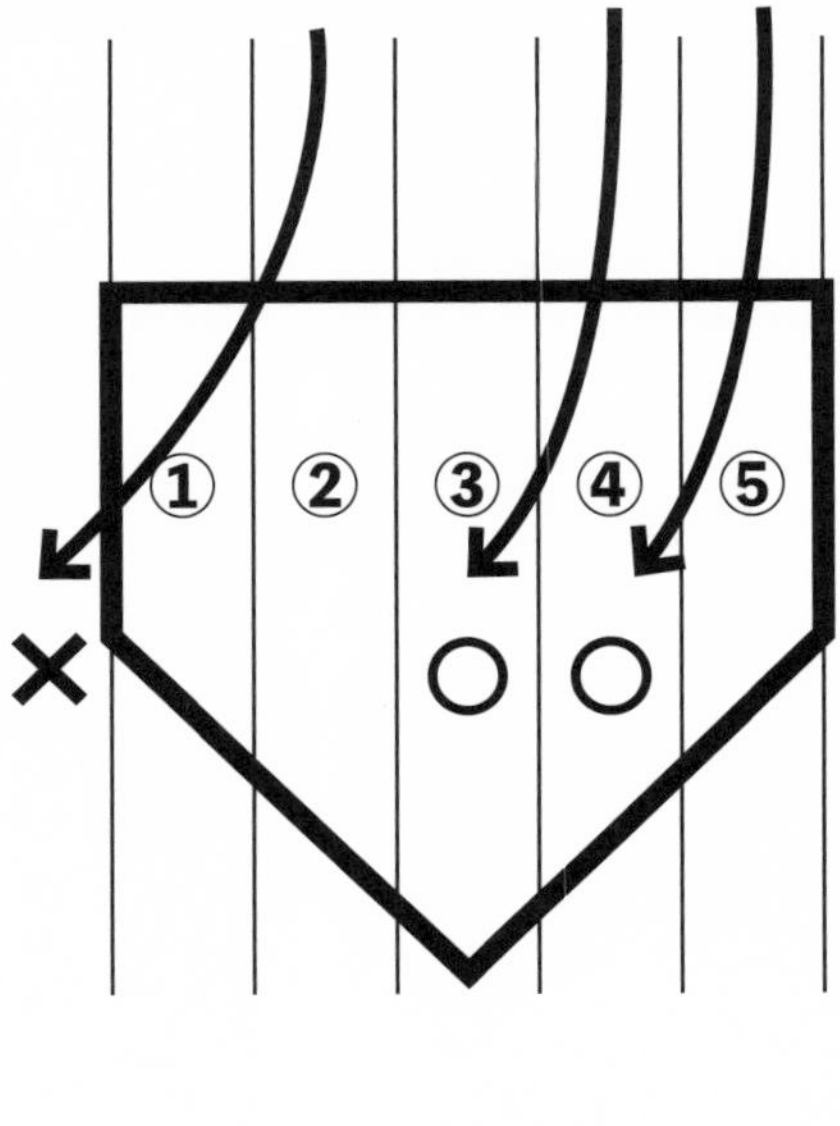

得意のカットボールは、②から右打者の内角に食い込んでくるコースは捨て、④、⑤から真ん中寄りに入ってくるカウントを稼ぎにきたボールを狙い打つイメージ

を狙うやり方でした。中継ぎであれば、ほぼ得意球しか投げてこないので、球種を絞ることもできます。

——チェンジアップやカーブなど、前後のズレで勝負するピッチャーも多いですが、どんな対策が有効でしょうか。

三井 投げてくるコースがわかれば、あとは最初にお話ししたタイミングの合わせ方の問題になってきます。なかなか打てなかったのが、阪神にいた星野伸之です。ドロンとした緩いカーブがクローズアップされることが多かったですが、右打者がてこずっていたのがフォークでした。スピードが遅くて、どうしても泳がされてしまう。このときは、打席の一番後ろに立つのと同時に、「マスコットバットを持って、引き付けて、引き付けて、ファーストコーチャーを狙うぐらいのイメージで打っていこう」とアドバイスをしました。重たいマスコットバットを振る意識を持てば、自然と引き付けられるようになると考えたのです。実際に、これで攻略した試合もありました。

打席の立ち位置を変えて攻略する
変化球を泳いで打つ技術が必要

——プロ野球選手でも、打席の立ち位置を変えるものなのですね。変えることに抵抗を覚える選手もいませんか？

三井　自分のスタイルがあるので、本当はすごく嫌がります。特に、クリーンアップを打つような選手はプライドを持っているので、なかなか動いてくれません。そんなときはミーティングで「頼む、おれに1打席だけくれ。査定には影響が出ないように言っておくから」とお願いしていました。

――なるほど、結果が査定に影響するから、自分のスタイルを崩さないわけですね。立ち位置を変えることで、攻略できたピッチャーはいますか。

三井　ずっと苦労していたのが、阪神の下柳剛ですね。右打者が、チェンジアップにやられていました。ほとんどのバッターが、キャッチャー側に立っていたので、外に逃げていくところで打たざるをえなかった。「ピッチャー寄りに立って、曲がりっぱなを打っていこう」と指示を出して、それがはまった試合もありました。相手からしてみれば、チェンジアップを狙われているのがわかれば、いつもと違う配球をしてきます。それによって、ほかの球種が増えていくのは、こちらにとってはありがたいことです。

――「この球種を狙っている」と思わせることだけでも、効果があるわけですね。立ち位置は、基本的にはキャッチャー側に立っているバッターのほうが多いような気がしますが、どう

■下柳剛の攻略例

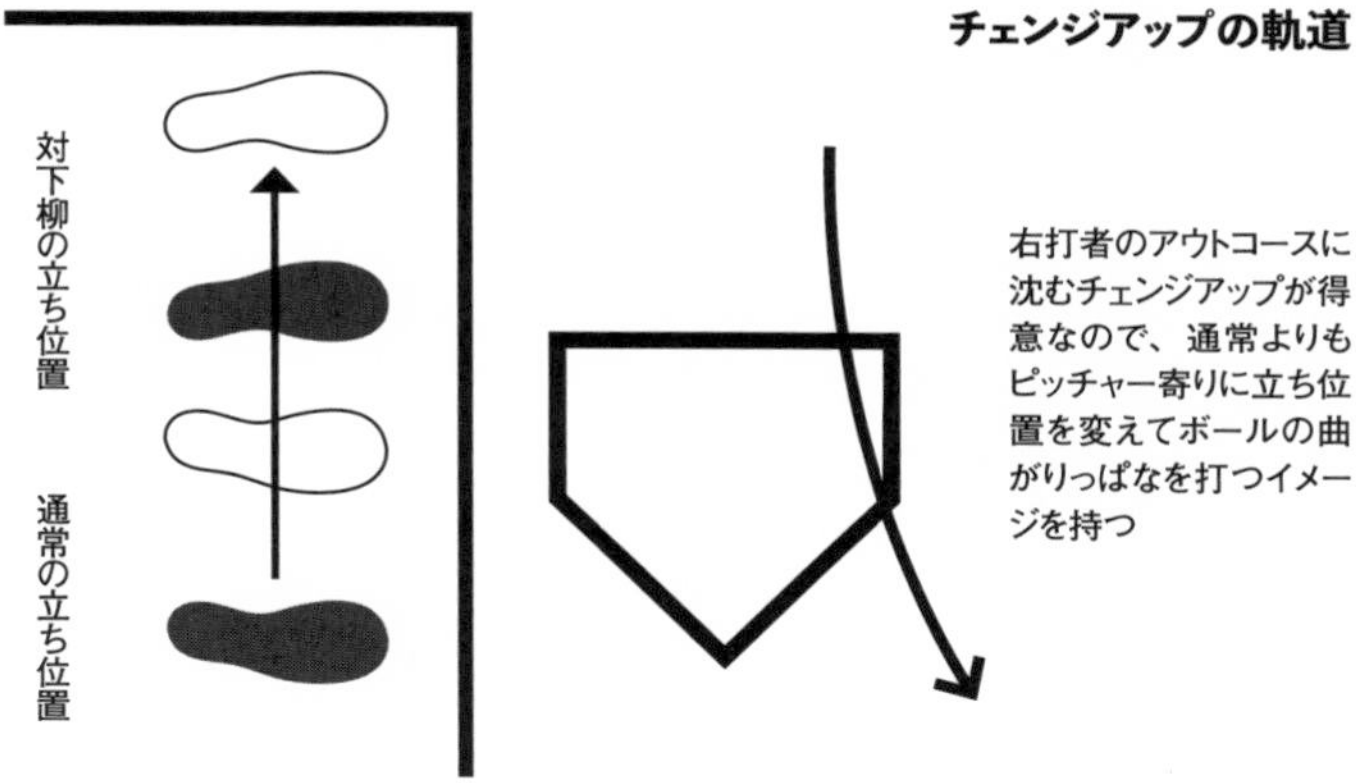

でしょうか。

三井　やっぱり、バッターとして「ボールを長く見たい」という心理が働くので、キャッチャー寄りに立つことが多いですね。後ろに立っているバッターが、前に動くのには勇気が必要です。たとえば、高橋由伸はもともとピッチャー寄りに立っていて、そこから少し下がった経緯があるので、動くことには抵抗がないバッターでした。

――下がったほうが、気持ち的には楽なのでしょうか。

三井　そう思います。ただ、今のピッチャーはストレートも変化球もキレがいい。後ろで待っていたら、変化球が曲がったところでとらえなければいけないので、なかなか難しいと思います。なるべくピッチャー寄りに立って、変化球は曲がる前に打つ。最初に解説したように、呼び込んだうえで、前でさばく。これがうまいのが坂本勇人です。変化球に対して泳いで打てないバッターは、打率が残せないと思います。

――坂本選手を見ていると、崩されてもヒットにしています。

三井　あれも技術です。今のピッチャーは、カットボールやツーシームなど、速くて小さい変化球を主に投げてきます。あの球を呼び込んで打とうとすると、今度はストレートに詰まらされて、差されます。明らかに狙っている場合は別として、ストレートのタイミングの中で変化球を拾えるようにしておかなければ、対応できなくなります。

――少し話が変わりますが、シーズン中に調子が落ちる時期が必ずあると思います。最終的に、打率3割をマークするバッターでも、どこかで調子が落ちる。こうした状況のときに、アドバイスを送ることはありますか。

三井　伝えることは2つですね。ひとつは、メカニック的に悪くなっている可能性があります。一番多いのが、ボールの見え方が変わっていること。打てない試合が続くと、「ボールをよく見よう」として、背筋が丸まってくるバッターがいますが、それに本人は気づいていない。そういうときは、「まずは一回姿勢を正してから、構えるように」とアドバイスしていました。

――背筋が丸まれば、当然、スイング軌道も変わってきますね。

三井　もうひとつは、得意なコースだけを狙わせることです。本来であれば、相手の球種や軌道を見て狙い球を決めるのですが、不調のときはバッター自身の得意なコースを最優先します。真ん中から外側が得意であれば、そこだけに目付けをして、思い切り振っていく。ポテンヒットでもいいので、1本でもヒットが出ると、調子が上がっていくことがあります。

捕手が変われば配球も変わる
予想外のリードをする古田敦也

――近年は、キャッチャーを固定するのではなく、複数の捕手を併用する球団が増えてきています。分析する側として、キャッチャーが変わることによる影響はどの程度あるのでしょうか。

三井　正直、キャッチャーが代わると「面倒だな……」と思いますね。キャッチャーによって、攻め方がガラリと変わります。入り球も勝負球も変わってくる。キャッチャーの傾向を調べるのは、なかなか大変です。

――そうした意味もあって、複数キャッチャーが浸透してきているのでしょうか。

三井　それもあると思います。分析が難しかったのが、ヤクルトの古田敦也です。当時で言えば、セオリーとは違う〝奇策〟を使ってくるキャッチャーでした。初球からフォークを要求して、1ボール0ストライクになっても、またフォークを使う。今までのキャッチャーであれば使わないタイミングで、フォークを投げさせるのです。「フォークを持っていないピッチャーは、リードできないんじゃないか」と思うぐらい、頻繁にフォークを使う。この配球に慣れるまでには、時間がかかりました。

――よく「リードがうまい」と表現されますが、奥深いところまではなかなかわからないものです。スコアラーが感じるリードのうまさとは、どのあたりにありますか。

三井　バッターの反応を見て、配球を組み立てられるかどうかですね。古田や谷繁元信（元中日）は抜群にうまかった。ファウルや空振り、見逃したときのスイングやタイミングを見て、裏をかいていました。変化球を狙っているとわかれば、ストレートで続けて攻めてくる。たとえば、古田が松井秀喜と対した場合、たいていのキャッチャーは変化球主体で攻めてくるものですが、古田はいきなりインコースにズバッとストレートを投げてくる。追い込んだあとはさすがに落ちる球だろうと思うものですが、そこでもインコースのストレート。バッターの頭にない球種やコースを読むのが、本当にうまかったですね。

――プロ野球選手を見ていると、結構あっさりと見逃し三振をして、ベンチに戻るケースがあります。あれは、追い込まれた状況であっても、ある程度読みを働かせているのでしょうか。

三井 割り切っているところはありますね。インコースにヤマを張っていた場合、外のボールゾーンから曲がってくる変化球にはまず反応できません。あとは、ストレート系に張っておくと、緩いカーブに反応するのは難しい。さきほどお話ししたように、カーブは、「イチ・ニ・ノーー・サン」のタイミングで打たなければならず、もうひとつ待つ時間が必要になるのです。バッターの頭の中には、「追い込まれてから、カーブを投げられたら仕方ない」と割り切っているところもあると思います。

――キャッチャーは球審のストライクゾーンの傾向を頭に入れているとも聞きますが、球審に対するミーティングもするのでしょうか。

三井 試合前に必ず触れています。両サイドが広い球審の場合は、「どっちも追いかけたら打てないから、内か外どちらかは捨てていこう」、外が広い球審であれば、「ベース寄りに近づいて立って、4番や5番に目付けをしよう」と話すこともあります。何度も対戦するので、それぞれの審判のクセは頭に入っています。

情報を正確に読み取ることから始まる　トーナメントでは確率を重視する

――高校野球でも、次の対戦校を偵察して、情報を集めることが当たり前になっています。プロの視点から、彼らにアドバイスをいただけますか。

三井　一番大事なことは、「正確に読み取る」ということです。9分割のチャート表を付けるのであれば、そのピッチャーが投じたコースや高低を正確に記録する。ここが間違っていたら、分析そのものを間違うことになります。

――三井さんは、ベンチからチャート表を付けていたわけですよね。横から見ていてわかるものでしょうか。

三井　それはもう、何度も見て、勉強するしかありません。キャンプ中、ブルペンでのピッチング練習を、キャッチャーの後ろからではなく、横から見るようにしました。ずっと見ていてわかったことは、スライダー系の曲げる球は横から見ていると、曲がるところで〝角〟ができる。一方、フォークやチェンジアップのように抜く球は、角がなく、丸くなる。感覚的な表現ですけど、私の場合はそこで見分けていました。試合ではボールの軌道、キャッチャーのミットの位置、バッターの反応の仕方を総合的に判断して、記入していきます。

――著書『ザ・スコアラー』の中で、「打席を終えたバッターに、球種を聞くことはしない」と書いてあったのが印象深いです。

三井 それを聞いたら、私の仕事がなくなってしまいます。「そんなことも、わからないのか」と思われるのも嫌ですから。バッターに信頼されなくなるので、自分でわかるように、見続けていました。試合後は、テレビ中継などで確認していましたが、だいたい合っていましたね。合っていないと、仕事にならないですけどね。

――ネット裏から見ていても、真ん中なのか外なのかわからないこともあります。

三井 踏み込んでくるバッターは、コースを見誤りがちです。真ん中やや外寄りを打っているのに、インコースを打っているかのように見えるときがある。そうならないためには、キャッチャーのミットの位置を確認しておかなければいけません。

――投球前に、キャッチャーが構えたところも記しておくのでしょうか。

三井 逆球はチェックしていました。インコースに構えていたのに、ボールはアウトコースにきたとします。バッターからすると「アウトコースを攻められた」と思いますが、キャッチャーが本来要求していたのはインコース。ここを確認しておかなければ、狙い球にズレが生じていくので、バッターには「キャッチャーの要求はインコース。次の打席は、インコースにくるぞ」と伝えておきます。

――そう考えると、高校生の場合はプロほどのコントロールがないピッチャーが多く、キャッチャーの要求通りにこないケースがほとんどです。狙い球の絞り方は、どのように考えたらいいのでしょうか。

三井　プロの二軍クラスで、10球中狙ったところに投げられるのは4球ほど。高校生であれば、2~3球だと思います。そうなると、「このカウントでは、アウトコースを狙っていこう」と細かい指示は出せません。高校生の場合は、ボールが集まるところに目付けをした方がいいでしょう。意識をしなくても、集まるゾーンが必ずあります。

――1~5の中で、3~5に集まるとなれば、そこを狙っていく。

三井　そのほうが、わかりやすいはずです。

――高校野球はトーナメント制です。三井さんは一発勝負のWBCも経験されていますが、ペナントレースとトーナメントで、考えが変わるところはありますか。

三井　負けたら終わりのトーナメントですから、確率が高いことを実行していきます。たとえば、相手ピッチャーの球種がストレート、カーブ、スライダー、フォークの4種類あるとします。このピッチャーが何で勝っているかを分析すると、カウント球のカーブが決まっていて、その割合が高い。ならば、スライダーとフォークは完全に捨てて、ストレートとカーブのどちらかを狙っていく。すべてを追いかけようとしないことです。

――投球割合が少ない球種を狙っても、あまり効果がないわけですね。こうした分析の話も、興味のある選手とそうでない選手で分かれるのでしょうか。

三井 当然、分かれます。私が常に言っていたのは、「データ分析や情報は無形のものである。無形のものを取り入れるかどうかで、一流か超一流に分かれる」。超一流の選手は情報を活用することに熱心で、それが大きな力になることを理解しています。

――高校生にも伝えていきたい言葉ですね。本日は貴重なお話、ありがとうございました。

プロフィール

大利 実（おおとし・みのる）

1977年生まれ、横浜市港南区出身。港南台高（現・横浜栄高）-成蹊大。スポーツライターの事務所を経て、2003年に独立。中学軟式野球や高校野球を中心に取材・執筆活動を行っている。『野球太郎』『中学野球太郎』『ホームラン』（廣済堂出版）、『ベースボール神奈川』（侍athlete）などで執筆。著書に『中学の部活から学ぶ わが子をグングン伸ばす方法』（大空ポケット新書）、『高校野球 神奈川を戦う監督たち』『高校野球 神奈川を戦う監督たち2 神奈川の覇権を奪え！』（日刊スポーツ出版社）、『101年目の高校野球「いまどき世代」の力を引き出す監督たち』『激戦 神奈川高校野球 新時代を戦う監督たち』（インプレス）、『高校野球継投論』（竹書房）、『高校野球界の監督がここまで明かす！ 野球技術の極意』（小社刊）などもある。有料メルマガ『大利実のメルマガでしか読めない中学野球』も配信中。

装幀・本文デザイン　山内宏一郎（SAIWAI DESGIN）
DTPオペレーション　株式会社ライブ
写真　山下 令
編集協力　花田 雪
編集　滝川 昂（株式会社カンゼン）

取材協力　株式会社ネクストベース

高校野球界の監督《スペシャリスト》がここまで明かす！
打撃技術の極意

発行日　2020年6月5日　初版
　　　　2022年7月22日　第2刷　発行

著者　大利実
発行人　坪井義哉
発行所　株式会社カンゼン
〒101-0021
東京都千代田区外神田2-7-1 開花ビル
TEL 03（5295）7723
FAX 03（5295）7725
http://www.kanzen.jp/
郵便為替 00150-7-130339
印刷・製本　株式会社シナノ

 ISBN 978-4-86255-555-7 Printed in Japan
定価はカバーに表示してあります。
ご意見、ご感想に関しましては、kanso@kanzen.jpまでEメールにてお寄せ下さい。お待ちしております。